Norbert Seeger
Rita Seeger

70 Rechenmandalas

– magisch, tierisch, motivierend

Die Autoren:

Rita Seeger:
- Diplom-Pädagogin, Grundschullehrerin, Rektorin als Ausbildungsleiterin
- Hauptberuflich seit 25 Jahren in der Lehrerausbildung tätig
- Fortbildungen in Gestaltpädagogik (FPI), Klientenzentrierter Gesprächsführung (GWG), in Körperorientierter Gestaltarbeit und in Kooperativer Beratung
- Autorin mehrerer Werke im Auer-Verlag, Augsburg

Norbert Seeger:
- Diplom-Pädagoge, Sonderschullehrer, Rektor einer Privaten Schule für Kranke an einer Rehabilitationsklinik für Kinder und Jugendliche
- Hauptberufliche Tätigkeiten in Jugendarbeit und Erwachsenenbildung
- Fortbildungen in Gestalttherapie, Integrativer Gestalt-Körpertherapie und in Kooperativer Beratung
- Autor der Bücher *Was Lehrer stark macht*, Augsburg, 3. Auflage; *Das professionelle Lehrer-Eltern-Gespräch,* Berlin 2016, 1. Auflage; *Abnehmen durch Achtsamkeit,* München 2014

4. Auflage 2025

Autor*innen: Norbert Seeger, Rita Seeger
Covergestaltung: zweiband.media Agentur für Mediengestaltung und -produktion GmbH, Berlin
Coverillustration: Dirk Hartmann
Umschlagfotos: Buntstifte: iStock.com/jhuting; Hand von zeichnendem Jungen: iStock.com/Milan_Jovic; Hintergrund Holzschreibtisch: iStock.com/daizuoxin
Illustrationen: Dirk Hartmann, (S. 78 Schriftrolle) Corina Beurenmeister
Satz: Fotosatz H. Buck, Kumhausen
Druck und Bindung: Druckerei Joh. Walch GmbH & Co. KG
ISBN 978-3-403-**07996**-5

www.auer-verlag.de

Vorwort

Liebe Lehrerin, lieber Lehrer, liebe Eltern!

Die Kombination kindgemäßer Mandala-Formen mit integrierten Rechenaufgaben innerhalb der Mandalamotive erfährt sehr hohe Akzeptanz bei vielen Lehrern[1] und natürlich bei den Schülern.
Das Ihnen vorliegende Mandala-Sammelheft richtet sich an Schüles der 1. bis 3. Schuljahres: Es bietet zahlreiche Mandalas zu diesen vier Bereichen:

→ Übungsaufgaben im Zahlenraum 1–20 für das 1. Schuljahr
→ Additions- und Subtraktionsaufgaben im Zahlenraum bis 100 für das 2. Schuljahr
→ Übungsaufgaben zum kleinen Einmaleins – mit Divisionsaufgaben ab dem 2. Schuljahr
→ Aufgaben zur mündlichen Addition und Subtraktion im Zahlenraum bis 1000 für das 3. Schuljahr

- Je nach gewähltem Bereich erzählen die Mandalamotive die Geschichte von kindlichen Identifikationsfiguren, die etwas erleben oder Tipps geben.
- Die einzelnen Figuren der Mandalas sind in einen Hintergrund eingebettet. Erst bei richtigem Rechnen aller Aufgaben wird die genaue Form der jeweiligen Figur sichtbar.

Nun zu den drei Zielbereichen des vorliegenden Mandala-Rechen-Heftes:

Steigerung der Konzentrationsfähigkeit durch Zentrierung

Die Mandalamotive dieses Mandala-Sammelheftes sind als echte Kreismandalas konzipiert, innerhalb derer sich die Schüler beim Anmalen der Lösungsfelder in konzentrischen Kreisen von außen nach innen zum Mittelpunkt hinbewegen. Diese Spiralform stellt den Hauptunterschied zu vielen heute angebotenen Mandalas dar. Sie ermöglicht beim Anschauen, Rechnen und Anmalen eine Tiefenwirkung und dadurch Zugang zur eigenen inneren Mitte.
Bei der Bearbeitung von Mandalas ist das Erreichen der Konzentrationspotentiale meist psychisch und körperlich spürbar: Sauerstoffverbrauch, Atemfrequenz und Blutdruck sinken; Ruhe und ein emotionales Wohlbefinden können sich einstellen. Es finden auf der körperlichen und emotionalen Erlebnisebene ähnliche Prozesse statt wie beim kindgemäßen autogenen Training, das interessierte Lehrer ebenfalls anwenden können.
Auch Rechen-Mandalas entfalten – besonders, wenn sie von außen nach innen bearbeitet werden – ihre stabilisierende Wirkung. Der Einsatz der Rechen-Mandalas leistet damit einen Beitrag zur ganzheitlichen Persönlichkeitsentwicklung des Kindes.

Steigerung der feinmotorischen Fähigkeiten

Die Mandalamotive haben eine Durchschnittsgröße, die in einem altersgerechten Zeitumfang bearbeitet werden können. Die Malrichtung ist bei allen Mandala-Motiven von außen nach innen verlaufend. Wenn kinesiologische und feinmotorische Übungseffekte voll ausgeschöpft werden sollen, darf das Blatt während des Ausmalens nicht gedreht werden. Man kann es z. B. mit Tesafilm® an den Ecken auf der Unterlage fixieren.

Steigerung der Rechenkompetenz

Bei der Bearbeitung der Rechen-Mandalas wird die Rechenkompetenz der Schüler in besonderem Maße durch die hohe Anzahl der Übungsaufgaben mit unterschiedlichen Aufgabentypen und der zentrierenden Arbeitsweise, die das jeweilige Mandala herbeiführt, erhöht. Die Rechenaufgaben der Mandalas wurden so konzipiert, dass sie während der Erarbeitung immer wieder unter dem Übungsaspekt für alle Schüler eingesetzt werden können. Ebenso dienen sie der qualitativen und quantitativen Vertiefung für spezielle Leistungsgruppen innerhalb der Klasse. Auch für offene Unterrichtsformen, wie z. B. die Stationenarbeit, sind die Mandalas hervorragend geeignet.
Die Überschriften der einzelnen Seiten informieren Lehrer über den zu übenden Rechenaspekt.

Hinweise zur Anwendung

Zuerst wird das Feld mit dem Pfeil gesucht. Die Rechenaufgabe in diesem ersten Feld wird ausgerechnet und die Lösung eingetragen. Dann wird das nächste Feld ausgerechnet und so wandert man bis in die Mitte des Mandalas. Erst dann sollte man mit dem Ausmalen wieder im Feld mit dem Pfeil beginnen.
Am unteren Ende der jeweiligen Seite befinden sich die Farbangaben, die jeweils für mehrere Lösungszahlen gelten. Gut geeignet sind Buntstifte, Pastellfarbstifte oder auch Filzstifte.
Zur Rechenkontrolle sind die Mandalas am Ende des Bandes erneut mit den Lösungszahlen in den entsprechenden Feldern zu finden.
Wir wünschen Ihnen beim Einsatz des Rechen-Mandala-Heftes viel Freude und den Schülern guten Erfolg.

Rita & Norbert Seeger

1 Aufgrund der besseren Lesbarkeit ist in diesem Buch mit Schüler auch immer Schülerin gemeint, ebenso verhalt es sich mit Lehrer und Lehrerin etc.

Inhaltsverzeichnis

Übungsaufgaben im Zahlenraum 1–20 für das 1. Schuljahr

Additions- und Subtraktionsaufgaben im Zahlenraum bis 100 für das 2. Schuljahr

Übungsaufgaben zum kleinen Einmaleins – mit Divisionsaufgaben ab dem 2. Schuljahr

Aufgaben zur mündlichen Addition und Subtraktion im Zahlenraum bis 1000 für das 3. Schuljahr

Lösungen

Der Hund

Plusaufgaben im Zahlenraum 1–10

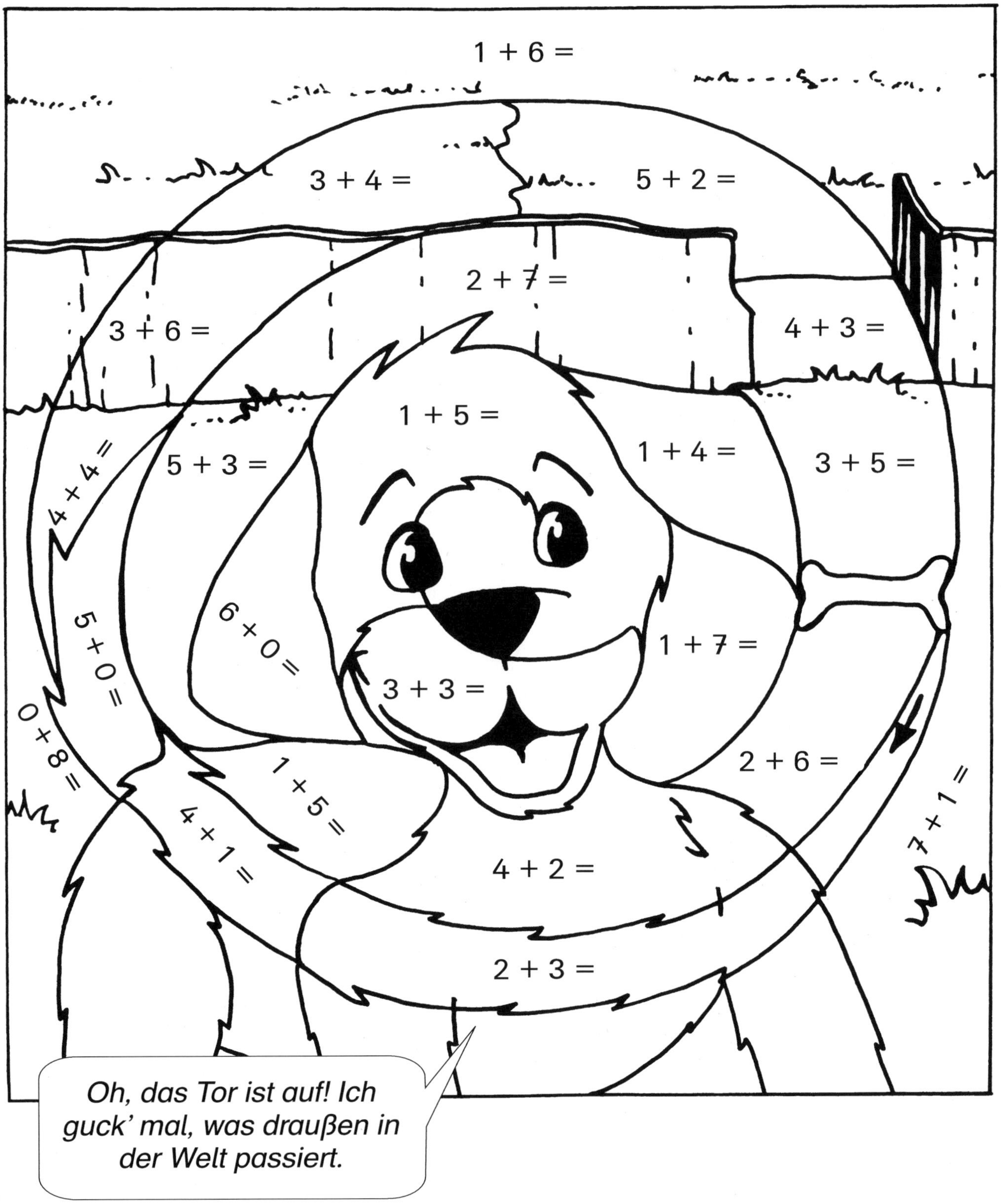

1 + 6 =

3 + 4 =   5 + 2 =

2 + 7 =

3 + 6 =   4 + 3 =

1 + 5 =

5 + 3 =   1 + 4 =   3 + 5 =

4 + 4 =

6 + 0 =

5 + 0 =   1 + 7 =

3 + 3 =

0 + 8 =   2 + 6 =

1 + 5 =

4 + 1 =   7 + 1 =

4 + 2 =

2 + 3 =

Oh, das Tor ist auf! Ich guck' mal, was draußen in der Welt passiert.

Rechne erst alle Aufgaben und suche dann die Farben! Beginne beim Pfeil!

Lösungszahlen und Farben:

dunkelbraun: 5	**hellgrün:** 8
hellbraun: 6	**rot:** 9
dunkelgrün: 7	

Das Schaf

Minusaufgaben im Zahlenraum 1–10

Rechne erst alle Aufgaben und suche dann die Farben! Beginne beim Pfeil!

Lösungszahlen und Farben:

hellbraun:	**grün:**
1	4
dunkelbraun:	**weiß:**
2	5
blau:	**rot:**
3	6

Der Hase

Plus- und Minusaufgaben im Zahlenraum 1–10

2 + 7 =
9 − 6 =
10 − 1 =
4 + 5 =
10 − 7 =
1 + 8 =
2 + 5 =
7 + 2 =
8 + 1 =
6 − 3 =
4 − 3 =
2 − 1 =
6 − 5 =
10 − 7 =
8 + 1 =
5 + 4 =
1 + 0 =
6 − 3 =
9 − 6 =
9 − 8 =
3 − 0 =
5 − 2 =
3 + 0 =
1 + 6 =
10 − 3 =
2 + 5 =
9 − 2 =
3 + 4 =
9 − 7 =

Deinen Knochen will ich nicht. Karotten mag ich.

Hier hast du meinen Knochen!

Rechne erst alle Aufgaben und suche dann die Farben! Beginne beim Pfeil!

Lösungszahlen und Farben:

weiß:	braun:
1	7
grün:	**blau:**
2	9
orange:	
3	

Der Pelikan

Plus- und Minusaufgaben mit Platzhalter im Zahlenraum 1–10

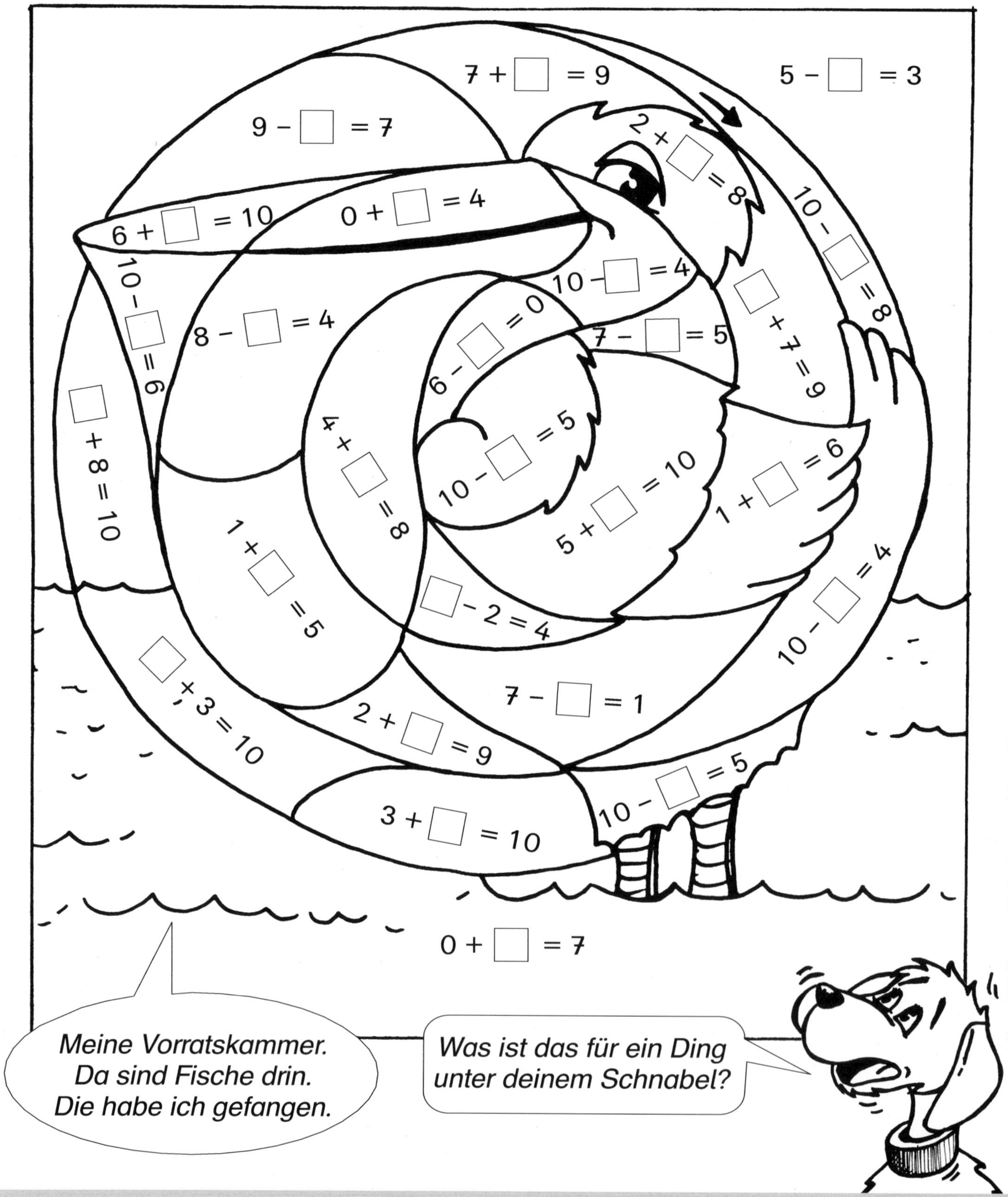

7 + □ = 9
5 − □ = 3
9 − □ = 7
2 + □ = 8
6 + □ = 10
0 + □ = 4
10 − □ = 8
10 − □ = 6
8 − □ = 4
10 − □ = 4
□ + 7 = 9
6 − □ = 0
7 − □ = 5
□ + 8 = 10
4 + □ = 8
10 − □ = 5
5 + □ = 10
1 + □ = 6
1 + □ = 5
□ − 2 = 4
10 − □ = 4
□ + 3 = 10
7 − □ = 1
2 + □ = 9
10 − □ = 5
3 + □ = 10
0 + □ = 7

Meine Vorratskammer. Da sind Fische drin. Die habe ich gefangen.

Was ist das für ein Ding unter deinem Schnabel?

Rechne erst alle Aufgaben und suche dann die Farben! Beginne beim Pfeil!

Lösungszahlen und Farben:

hellblau: 2	**weiß:** 6
orange: 4	**dunkelblau:** 7
grau: 5	

Der Wal

Plus- und Minusaufgaben und Aufgaben mit Platzhalter im Zahlenraum 1–10

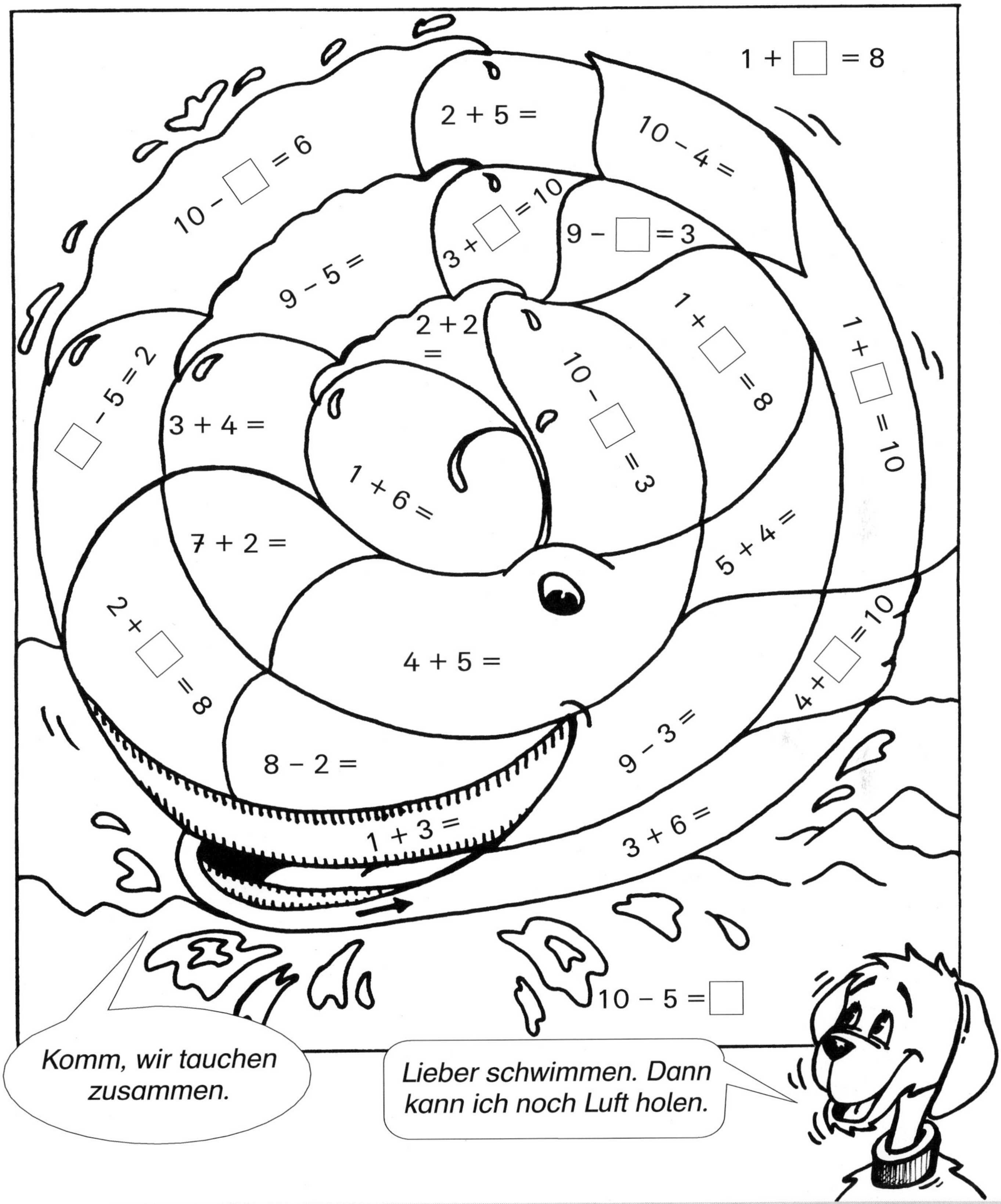

1 + □ = 8

2 + 5 =

10 – 4 =

10 – □ = 6

3 + □ = 10

9 – □ = 3

9 – 5 =

2 + 2 =

1 + □ = 8

1 + □ = 10

□ – 5 = 2

3 + 4 =

10 – □ = 3

1 + 6 =

7 + 2 =

5 + 4 =

2 + □ = 8

4 + 5 =

4 + □ = 10

8 – 2 =

9 – 3 =

1 + 3 =

3 + 6 =

10 – 5 = □

Komm, wir tauchen zusammen.

Lieber schwimmen. Dann kann ich noch Luft holen.

Rechne erst alle Aufgaben und suche dann die Farben! Beginne beim Pfeil!

Lösungszahlen und Farben:	**weiß:** 4	**hellblau:** 7
	dunkelblau: 5	**schwarz:** 9
	grau: 6	

Der Bär

Zehnerüberschreitung in zwei Schritten

Rechne erst alle Aufgaben und suche dann die Farben! Beginne beim Pfeil!

Lösungszahlen und Farben:

dunkelblau: 11	**hellblau:** 14
weiß: 12	**schwarz:** 15
grau: 13	**hellbraun:** 16

Die Robbe

Zehnerüberschreitung in einem Schritt

5 + 7 =

4 + 7 =

8 + 4 =

6 + 6 =

4 + 9 =

2 + 9 =

3 + 9 =

9 + 6 =

6 + 9 =

3 + 8 =

7 + 5 =

4 + 9 =

6 + 9 =

9 + 2 =

5 + 8 =

7 + 8 =

6 + 7 =

4 + 9 =

9 + 4 =

8 + 3 =

2 + 9 =

3 + 8 =

6 + 5 =

7 + 4 =

6 + 8 =

Hallo, ich bin ein Hund wie du auch.

Du bist ein Seehund. Ich bin ein Hund und brauche das Land.

Rechne erst alle Aufgaben und suche dann die Farben! Beginne beim Pfeil!

Lösungszahlen und Farben:

Farbe	Zahl
dunkelblau:	11
gelb:	12
hellblau:	13
weiß:	14
lila:	15

Das Krokodil

Zehnerunterschreitung in zwei Schritten

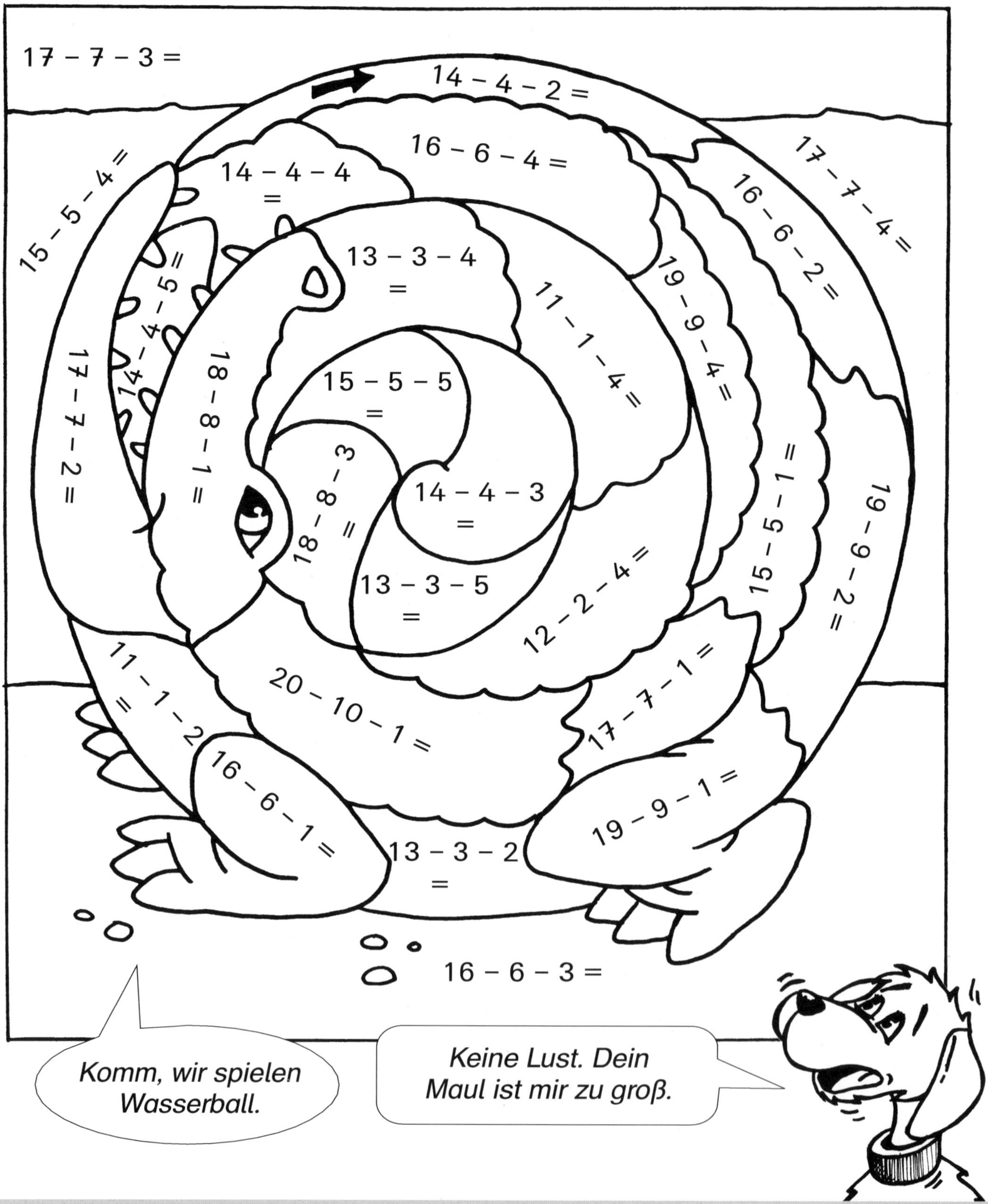

17 − 7 − 3 =

14 − 4 − 2 =

16 − 6 − 4 =

14 − 4 − 4 =

17 − 7 − 4 =

15 − 5 − 4 =

16 − 6 − 2 =

13 − 3 − 4 =

14 − 4 − 5 =

19 − 9 − 4 =

11 − 1 − 4 =

17 − 7 − 2 =

18 − 8 − 1 =

15 − 5 − 5 =

18 − 8 − 3 =

15 − 5 − 1 =

14 − 4 − 3 =

19 − 9 − 2 =

13 − 3 − 5 =

12 − 2 − 4 =

11 − 1 − 2 =

20 − 10 − 1 =

17 − 7 − 1 =

16 − 6 − 1 =

19 − 9 − 1 =

13 − 3 − 2 =

16 − 6 − 3 =

Komm, wir spielen Wasserball.

Keine Lust. Dein Maul ist mir zu groß.

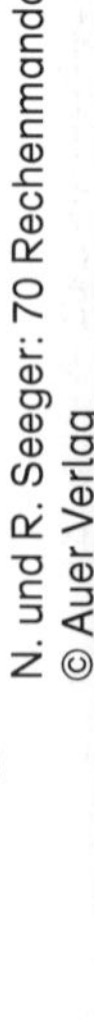

Rechne erst alle Aufgaben und suche dann die Farben! Beginne beim Pfeil!

Lösungszahlen und Farben:

rot: 5

blau: 6

gelb: 7

hellgrün: 8

dunkelgrün: 9

Der Elefant

Zehnerunterschreitung in einem Schritt

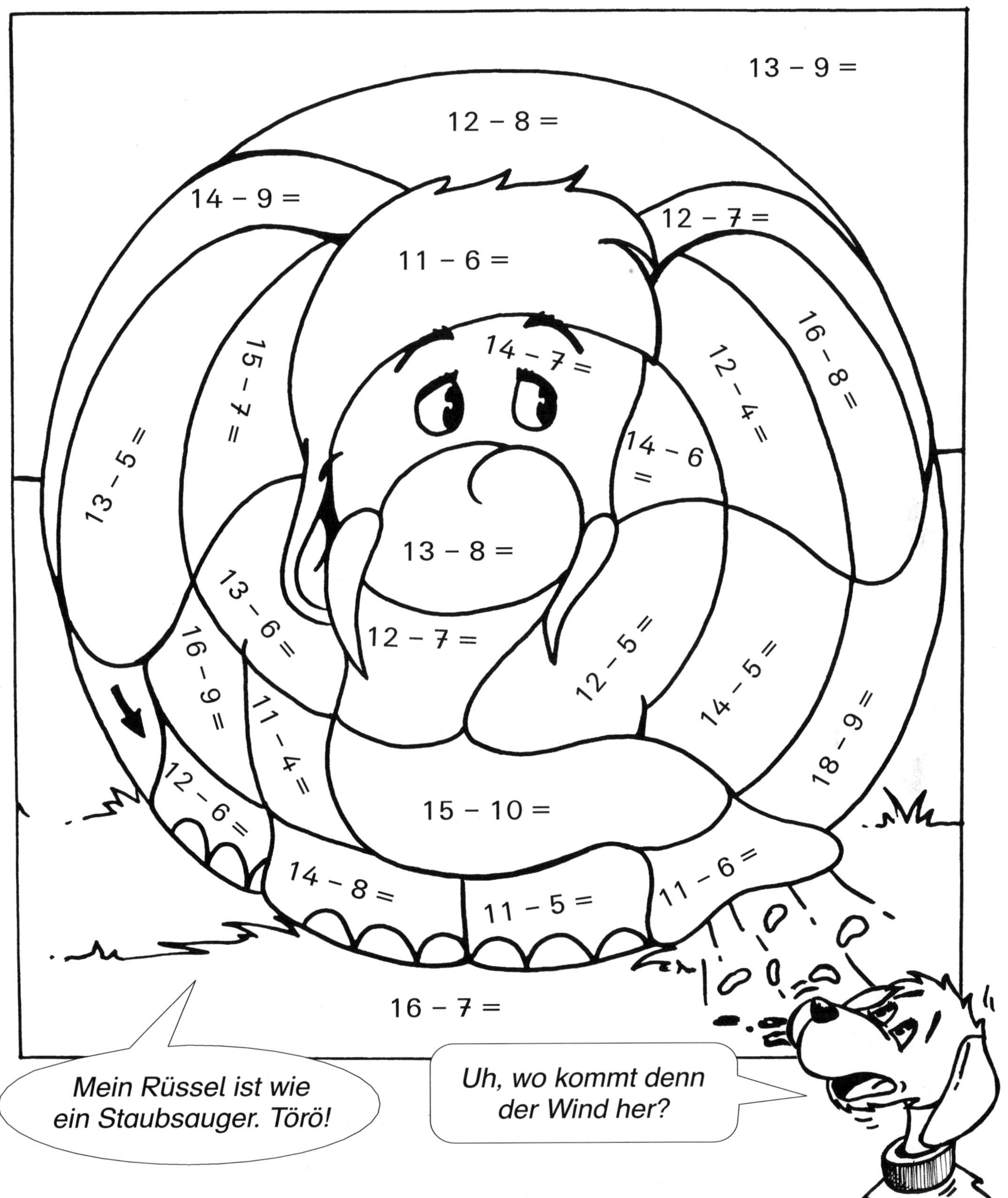

Rechne erst alle Aufgaben und suche dann die Farben! Beginne beim Pfeil!

Lösungszahlen und Farben:

gelb: 4	**dunkelblau:** 7
hellblau: 5	**rot:** 8
lila: 6	**orange:** 9

Der Löwe

Plusaufgaben im Zahlenraum 10–20

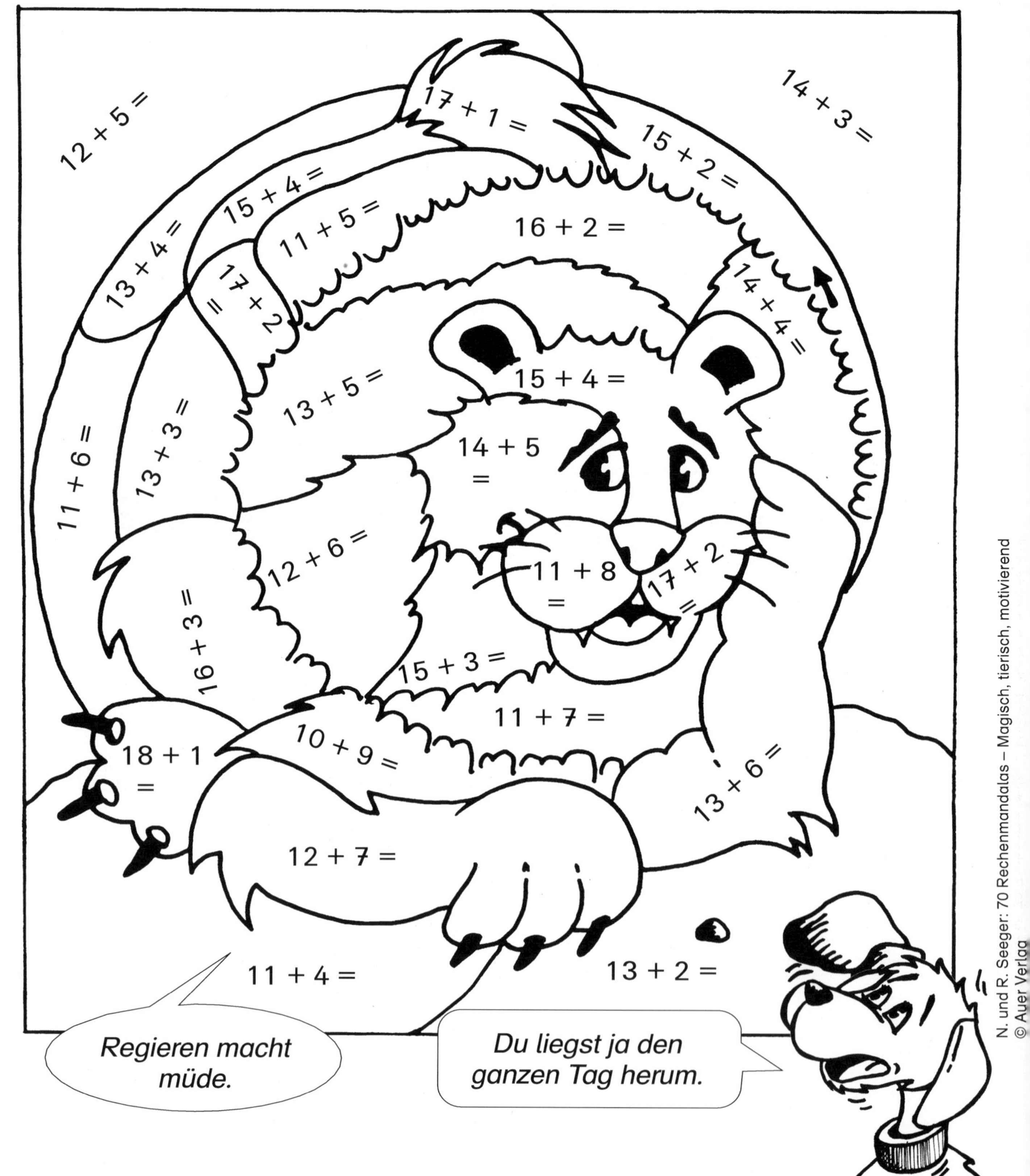

Rechne erst alle Aufgaben und suche dann die Farben! Beginne beim Pfeil!

Lösungszahlen und Farben:

grau: 15	**dunkelbraun:** 18
gelb: 16	**hellbraun:** 19
rot: 17	

Das Trampeltier

Minusaufgaben im Zahlenraum 10–20

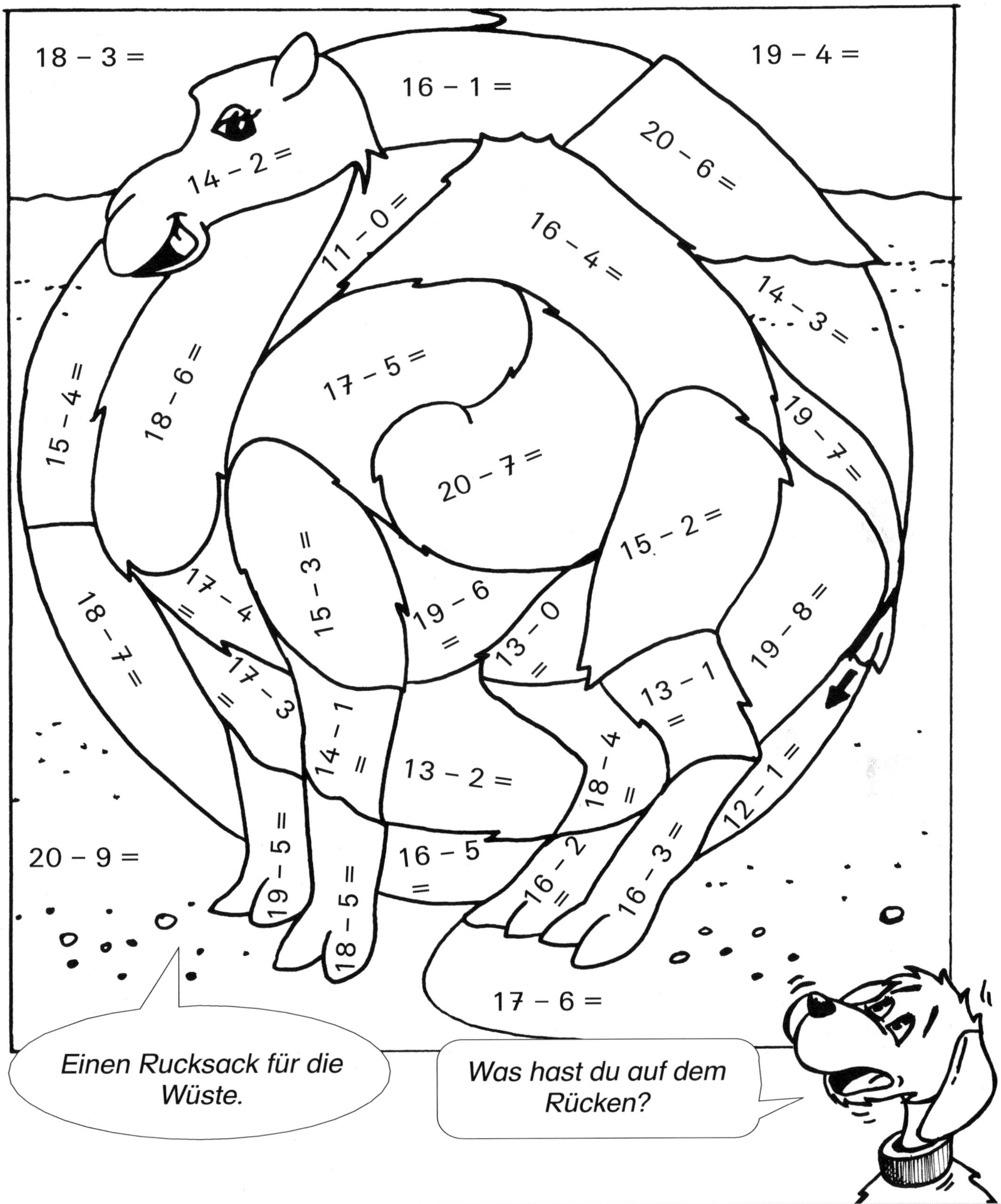

18 − 3 =

16 − 1 =

19 − 4 =

14 − 2 =

20 − 6 =

11 − 0 =

16 − 4 =

14 − 3 =

15 − 4 =

18 − 6 =

17 − 5 =

19 − 7 =

20 − 7 =

15 − 2 =

15 − 3 =

18 − 7 =

17 − 4 =

19 − 6 =

13 − 0 =

19 − 8 =

17 − 3 =

13 − 1 =

14 − 1 =

13 − 2 =

18 − 4 =

12 − 1 =

20 − 9 =

19 − 5 =

16 − 5 =

16 − 2 =

16 − 3 =

18 − 5 =

17 − 6 =

Einen Rucksack für die Wüste.

Was hast du auf dem Rücken?

Rechne erst alle Aufgaben und suche dann die Farben! Beginne beim Pfeil!

Lösungszahlen und Farben:

gelb: 11

hellbraun: 12

dunkelbraun: 13

grau: 14

blau: 15

Der Affe

Plus- und Minusaufgaben im Zahlenraum 10–20

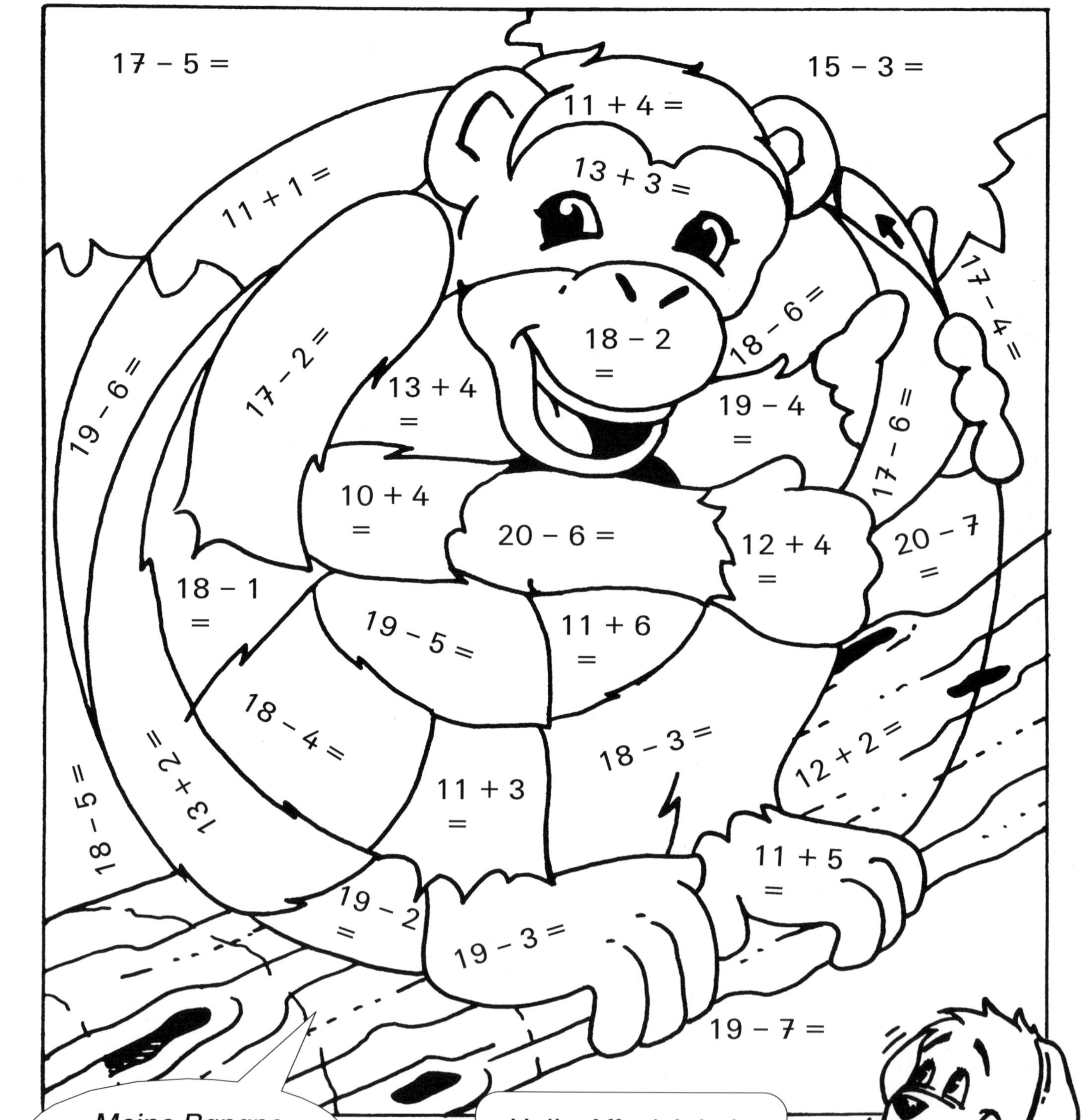

17 – 5 =

15 – 3 =

11 + 4 =

13 + 3 =

11 + 1 =

17 – 4 =

18 – 6 =

18 – 2 =

17 – 2 =

19 – 6 =

13 + 4 =

19 – 4 =

17 – 6 =

10 + 4 =

20 – 6 =

12 + 4 =

20 – 7 =

18 – 1 =

19 – 5 =

11 + 6 =

18 – 4 =

18 – 3 =

12 + 2 =

13 + 2 =

18 – 5 =

11 + 3 =

11 + 5 =

19 – 2 =

19 – 3 =

19 – 7 =

Meine Banane brauch' ich selbst.

Hallo Affe, ich habe Hunger.

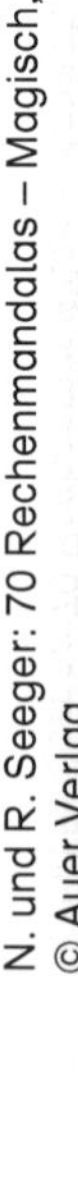

Rechne erst alle Aufgaben und suche dann die Farben! Beginne beim Pfeil!

Lösungszahlen und Farben:

gelb: 11
dunkelgrün: 12
hellgrün: 13
hellbraun: 14
dunkelbraun: 15
orange: 16
grau: 17

Der Panda

Plus- und Minusaufgaben mit Platzhalter im Zahlenraum 10–20

18 – □ = 11

16 – □ = 13

□ + 12 = 19

□ + 13 = 20

19 – □ = 12

20 – □ = 13

15 – □ = 12

□ + 16 = 19

□ + 14 = 17

□ + 11 = 18

13 + □ = 19

17 – □ = 11

18 – □ = 13

□ + 14 = 19

19 – □ = 16

18 – □ = 15

□ + 15 = 18

□ + 15 = 19

□ + 13 = 17

19 – □ = 15

17 – □ = 13

□ + 11 = 14

19 – □ = 13

17 – □ = 12

□ + 11 = 16

□ + 12 = 18

15 – □ = 12

19 – □ = 14

□ + 13 = 18

□ + 11 = 15

15 – □ = 11

Ich heiße Panda. Wie heißt du?

Ich heiße ______________.

Rechne erst alle Aufgaben und suche dann die Farben! Beginne beim Pfeil!

Lösungszahlen und Farben:

weiß: 3

hellbraun: 4

schwarz: 5

dunkelbraun: 6

grün: 7

Das Känguru

Plus- und Minusaufgaben und Aufgaben mit Platzhalter im Zahlenraum 10–20

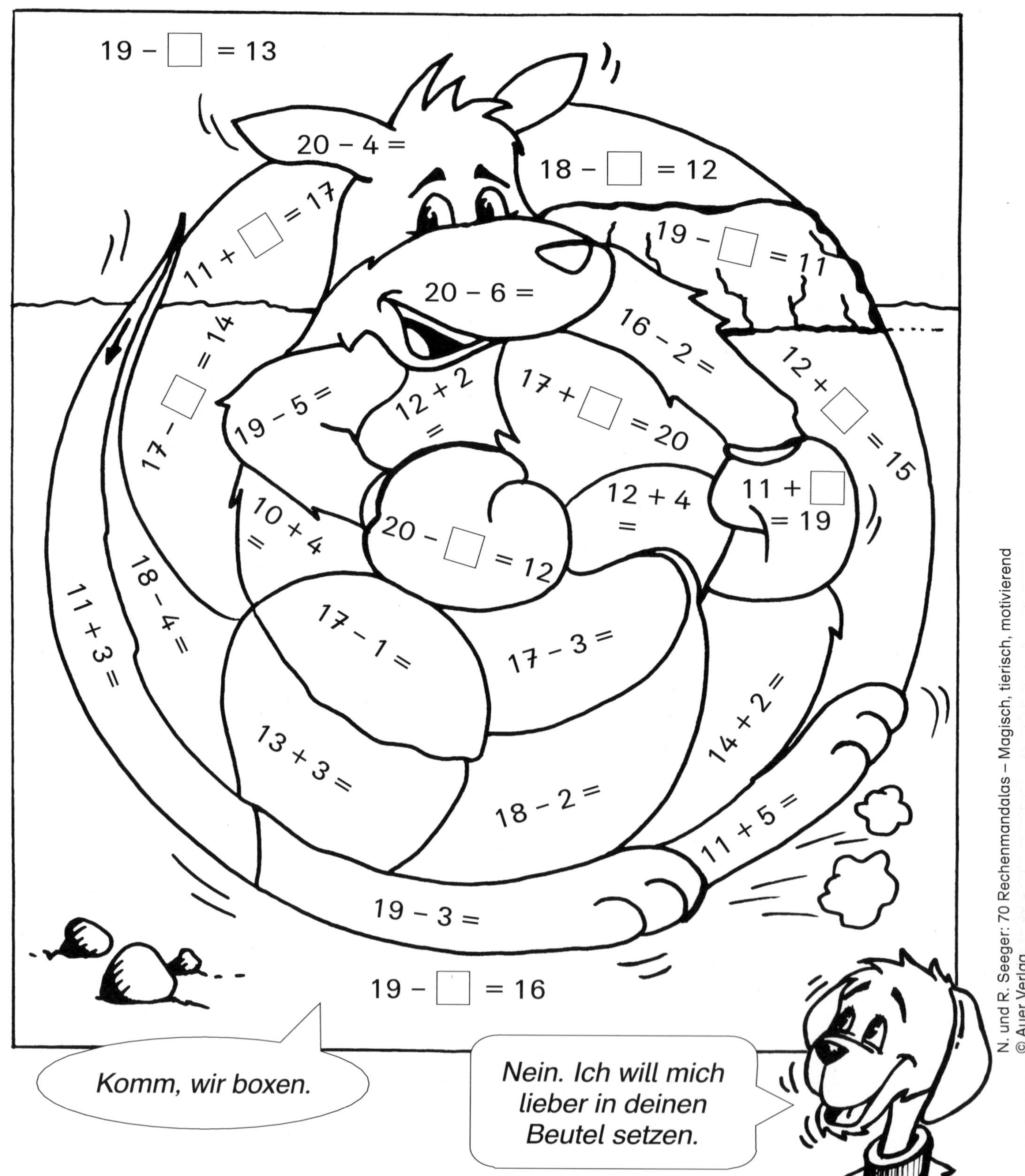

Rechne erst alle Aufgaben und suche dann die Farben! Beginne beim Pfeil!

Lösungszahlen und Farben:

lila: 3

blau: 6

rot: 8

hellbraun: 14

dunkelbraun: 16

Der Vogel Strauß

Plusaufgaben im Zahlenraum 1–20

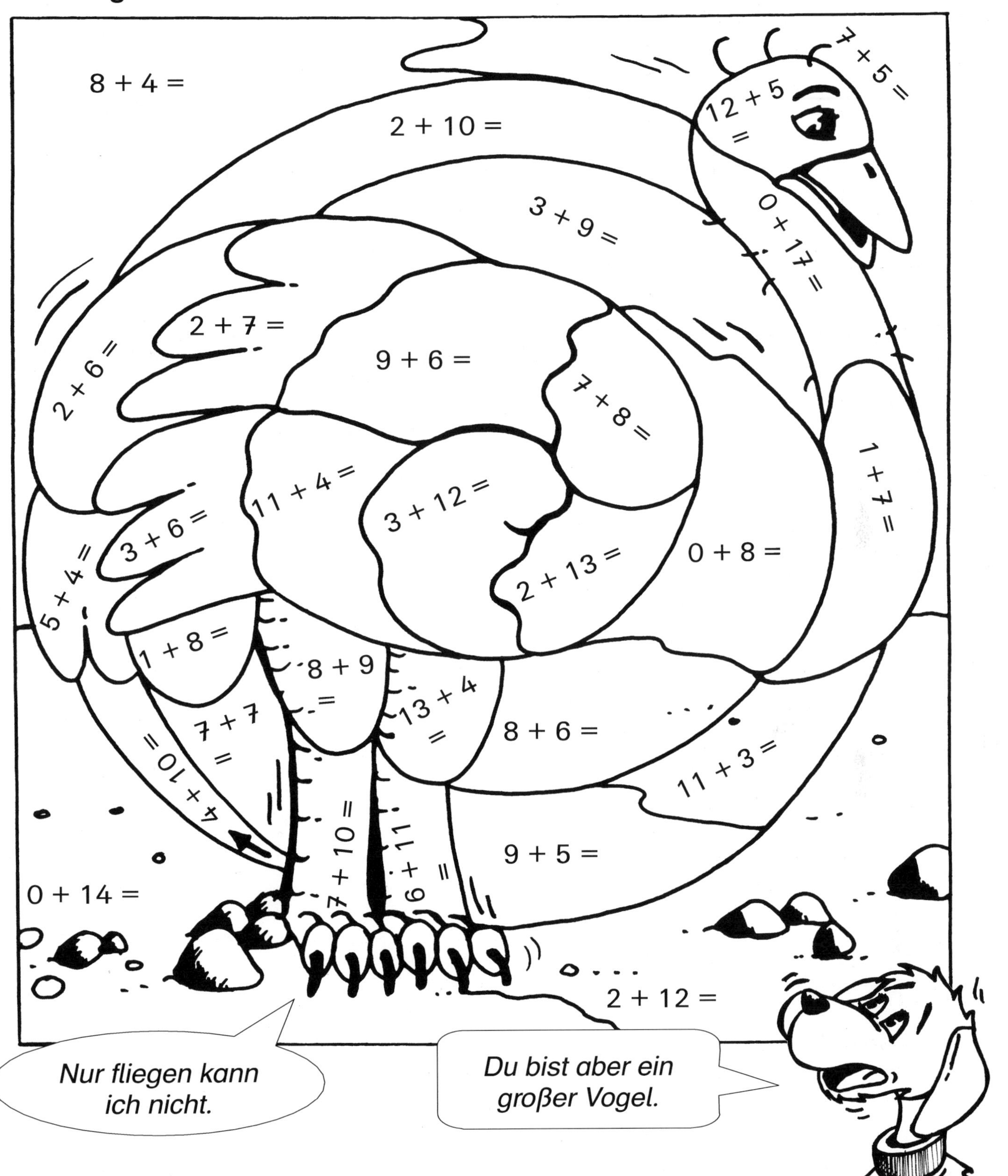

Rechne erst alle Aufgaben und suche dann die Farben! Beginne beim Pfeil!

Lösungszahlen und Farben:

grau: 8

weiß: 9

blau: 12

dunkelbraun: 14

hellbraun: 15

orange: 17

Der Frosch

Minusaufgaben im Zahlenraum 1–20

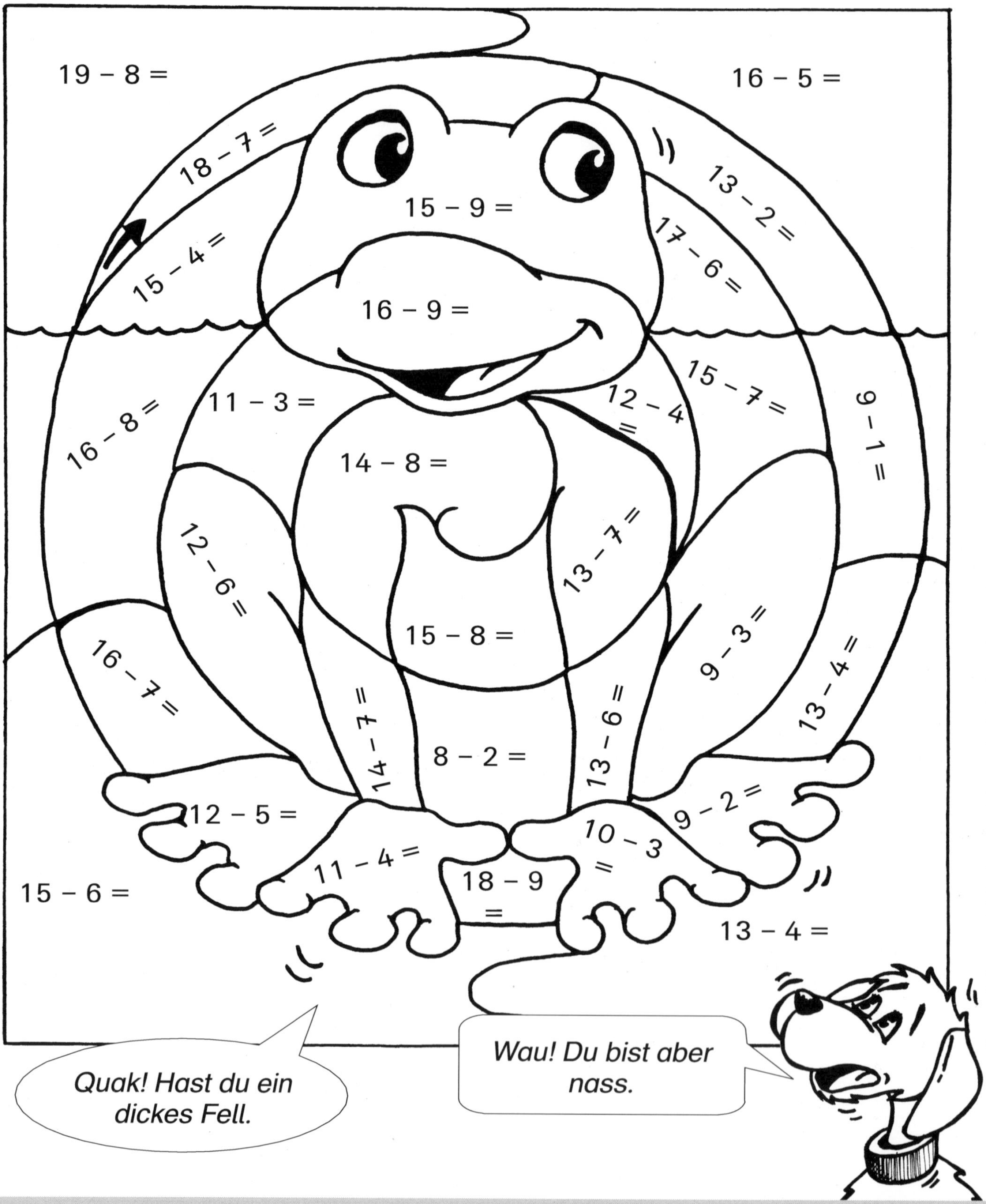

19 − 8 =

16 − 5 =

18 − 7 =

13 − 2 =

15 − 9 =

15 − 4 =

17 − 6 =

16 − 9 =

16 − 8 =

11 − 3 =

12 − 4 =

15 − 7 =

9 − 1 =

14 − 8 =

12 − 6 =

13 − 7 =

15 − 8 =

9 − 3 =

16 − 7 =

13 − 4 =

14 − 7 =

8 − 2 =

13 − 6 =

12 − 5 =

9 − 2 =

11 − 4 =

10 − 3 =

15 − 6 =

18 − 9 =

13 − 4 =

Quak! Hast du ein dickes Fell.

Wau! Du bist aber nass.

Rechne erst alle Aufgaben und suche dann die Farben! Beginne beim Pfeil!

Lösungszahlen und Farben:

dunkelgrün: 6

hellgrün: 7

dunkelblau: 8

braun: 9

hellblau: 11

Die Kuh

Plusaufgaben mit ganzen Zehnern

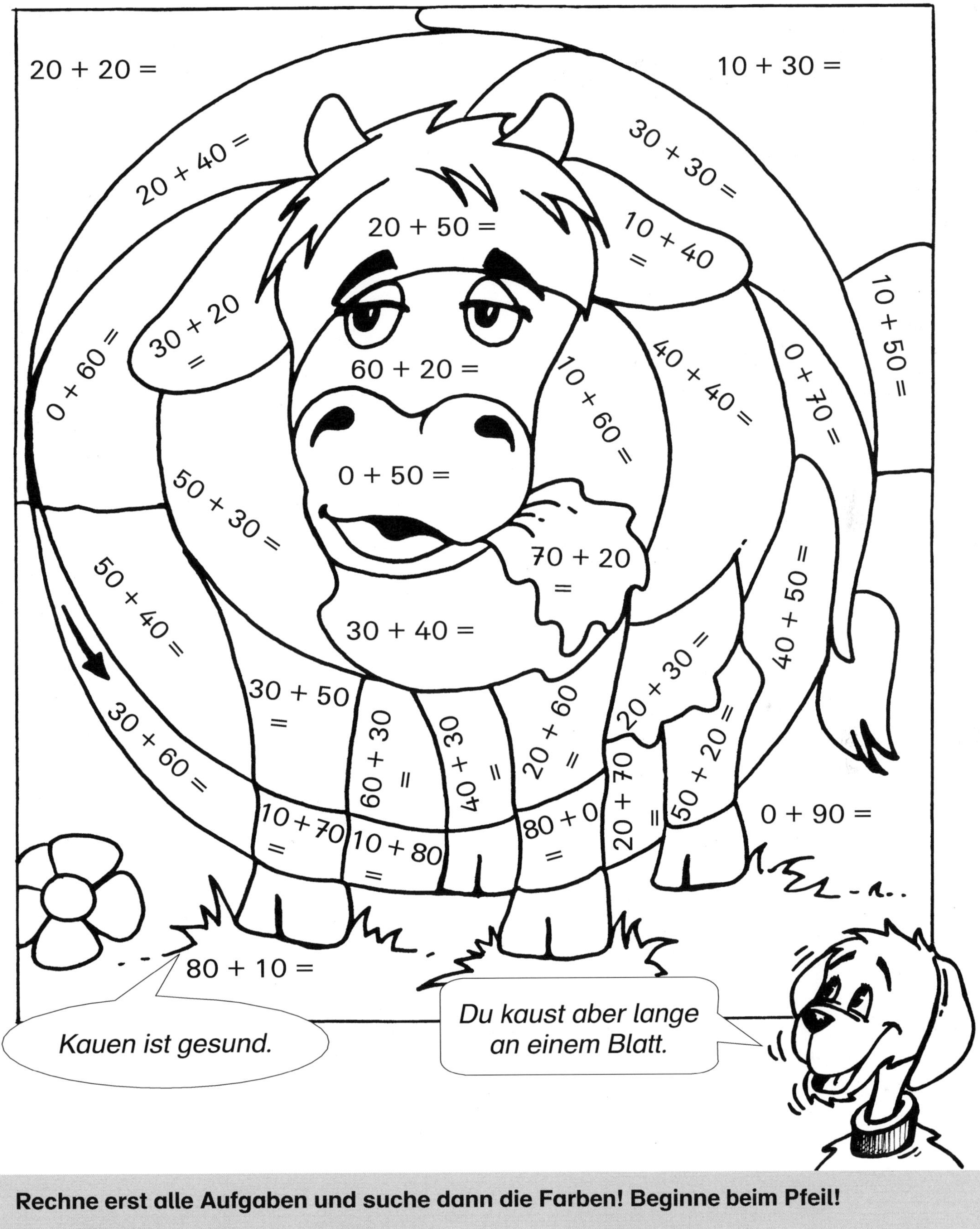

20 + 20 =

10 + 30 =

20 + 40 =

30 + 30 =

20 + 50 =

10 + 40 =

30 + 20 =

10 + 50 =

0 + 60 =

60 + 20 =

40 + 40 =

0 + 70 =

70 + 60 =

0 + 50 =

50 + 30 =

70 + 20 =

50 + 40 =

30 + 40 =

40 + 50 =

30 + 50 =

20 + 30 =

30 + 60 =

60 + 30 =

40 + 30 =

20 + 60 =

50 + 20 =

10 + 70 =

10 + 80 =

80 + 0 =

20 + 70 =

0 + 90 =

80 + 10 =

Kauen ist gesund.

Du kaust aber lange an einem Blatt.

Rechne erst alle Aufgaben und suche dann die Farben! Beginne beim Pfeil!

Lösungszahlen und Farben:

Farbe	Zahl	Farbe	Zahl
dunkelblau:	40	**dunkelbraun:**	70
orange:	50	**hellbraun:**	80
hellblau:	60	**grün:**	90

Der Hund

Minusaufgaben mit ganzen Zehnern

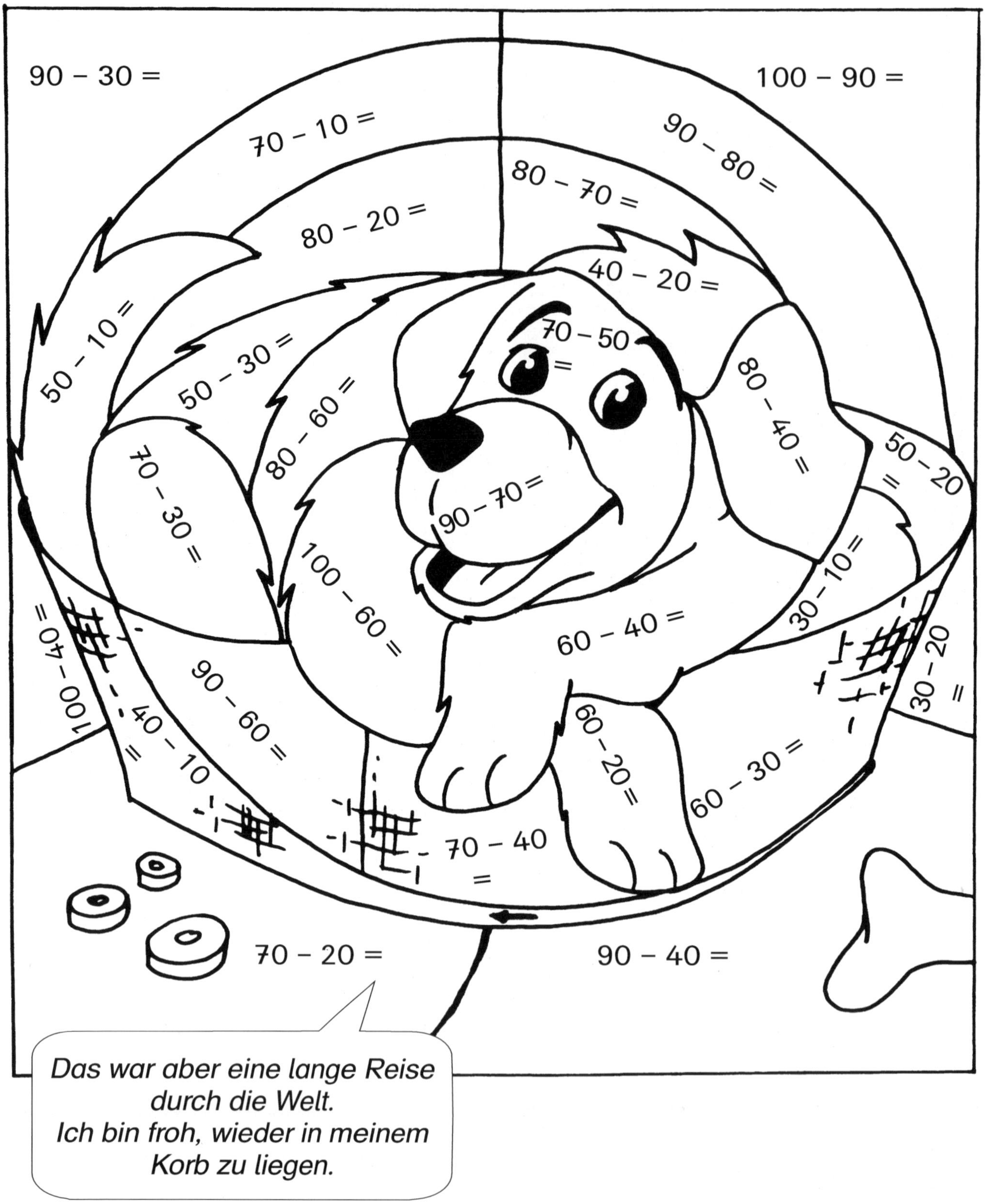

90 – 30 =

100 – 90 =

70 – 10 =

90 – 80 =

80 – 70 =

80 – 20 =

40 – 20 =

50 – 10 =

70 – 50 =

50 – 30 =

80 – 60 =

80 – 40 =

70 – 30 =

50 – 20 =

90 – 70 =

100 – 60 =

30 – 10 =

100 – 40 =

60 – 40 =

30 – 20 =

90 – 60 =

40 – 10 =

60 – 20 =

60 – 30 =

70 – 40 =

70 – 20 =

90 – 40 =

Das war aber eine lange Reise durch die Welt.
Ich bin froh, wieder in meinem Korb zu liegen.

Rechne erst alle Aufgaben und suche dann die Farben! Beginne beim Pfeil!

Lösungszahlen und Farben:

orange: 10	**dunkelbraun:** 40
hellbraun: 20	**dunkelrot:** 50
blau: 30	**hellrot:** 60

Am Leuchtturm

Plus- und Minusaufgaben von 1–20

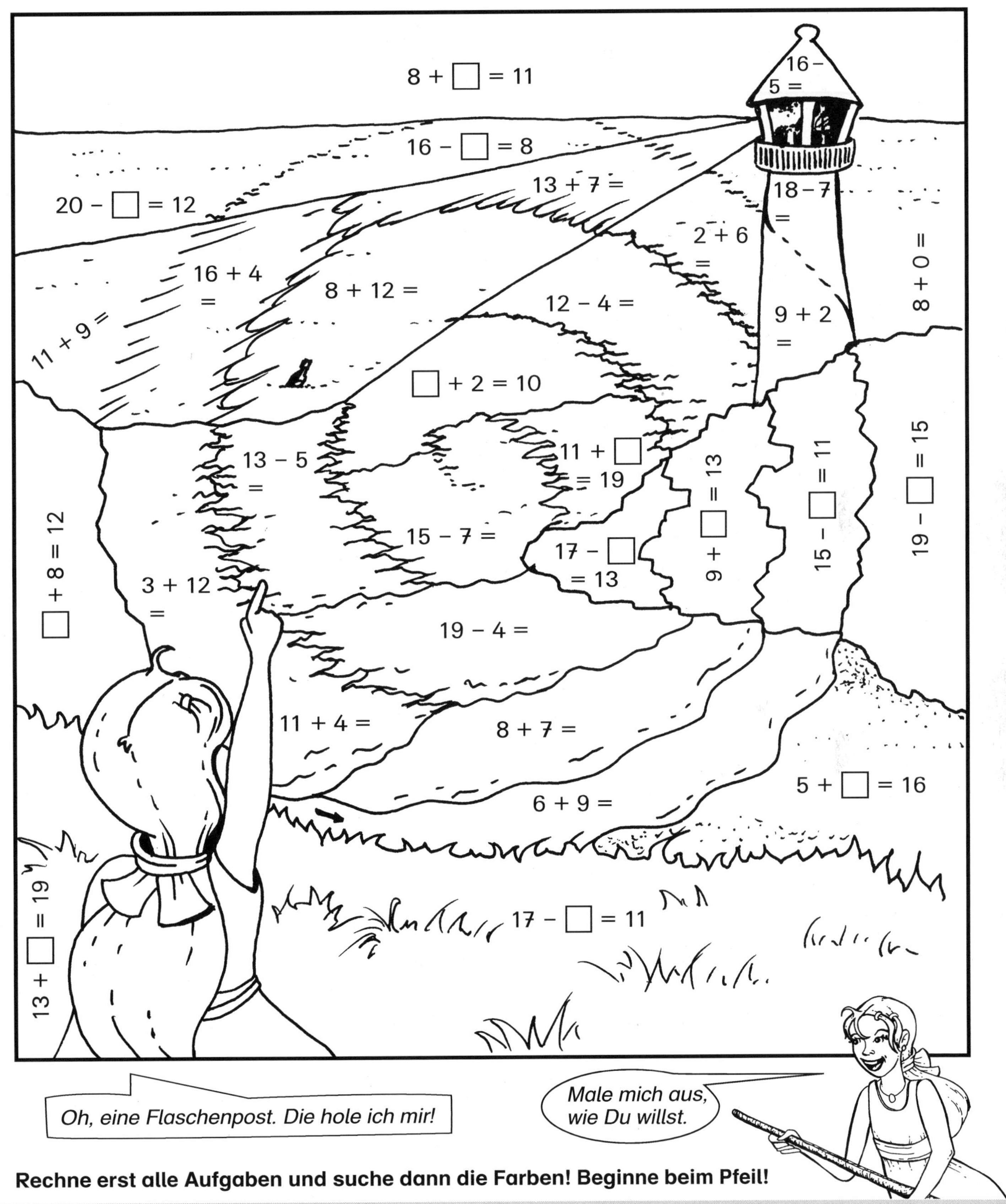

Oh, eine Flaschenpost. Die hole ich mir!

Male mich aus, wie Du willst.

Rechne erst alle Aufgaben und suche dann die Farben! Beginne beim Pfeil!

Lösungszahlen und Farben:	**dunkelbraun:** 4	**grün:** 6	**gelb:** 20
	hellbraun: 11	**hellblau:** 15	**grau:** 3
		dunkelblau: 8	

Die Schatzkarte

Plus- und Minusaufgaben ohne Zehnerüberschreitung von 20–40

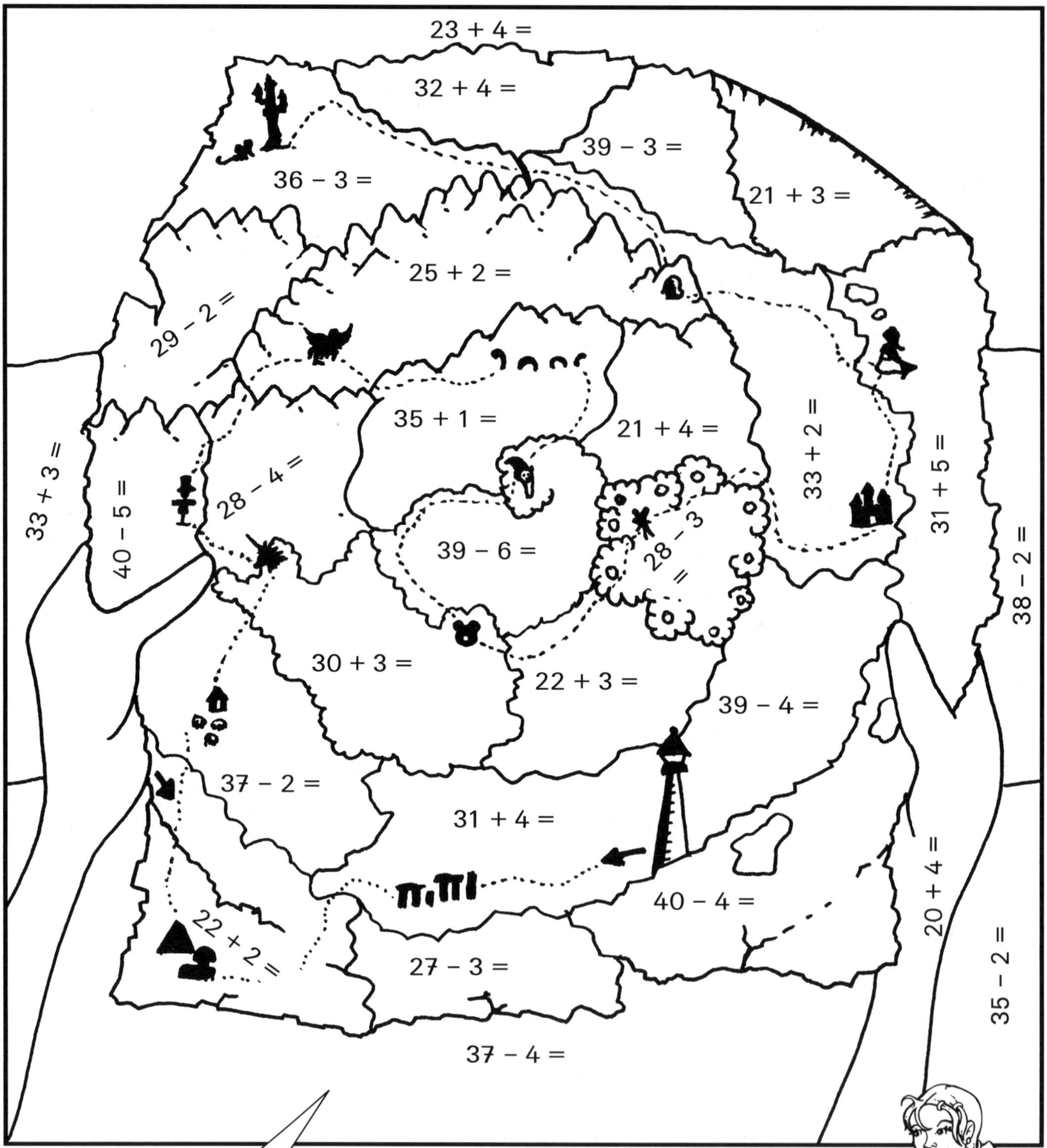

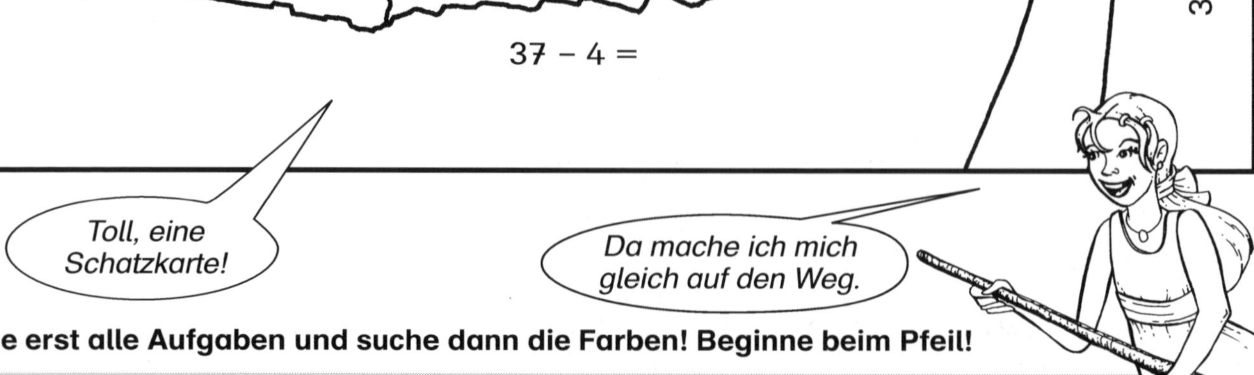

23 + 4 =

32 + 4 =

39 − 3 =

36 − 3 =

21 + 3 =

25 + 2 =

29 − 2 =

35 + 1 =

21 + 4 =

33 + 2 =

31 + 5 =

33 + 3 =

40 − 5 =

28 − 4 =

39 − 6 =

28 − 3 =

38 − 2 =

30 + 3 =

22 + 3 =

39 − 4 =

37 − 2 =

31 + 4 =

20 + 4 =

40 − 4 =

22 + 2 =

27 − 3 =

35 − 2 =

37 − 4 =

Toll, eine Schatzkarte!

Da mache ich mich gleich auf den Weg.

Rechne erst alle Aufgaben und suche dann die Farben! Beginne beim Pfeil!

Lösungszahlen und Farben:	**hellbraun:** 24	**hellgrün:** 35
	blau: 36	**dunkelgrün:** 33
	grau: 27	**rot:** 25

Der Zauberer

Plus- und Minusaufgaben ohne Zehnerüberschreitung von 40–70

Rechne erst alle Aufgaben und suche dann die Farben! Beginne beim Pfeil!

Lösungszahlen und Farben:			
	grau: 43	**rot:** 64	**dunkelbraun:** 53
	grün: 63, 65	**gelb:** 47	**hellblau:** 45
	orange: 44	**hellbraun:** 68	**dunkelblau:** 55

Die Pyramide

Plus- und Minusaufgaben ohne Zehnerüberschreitung von 40–70

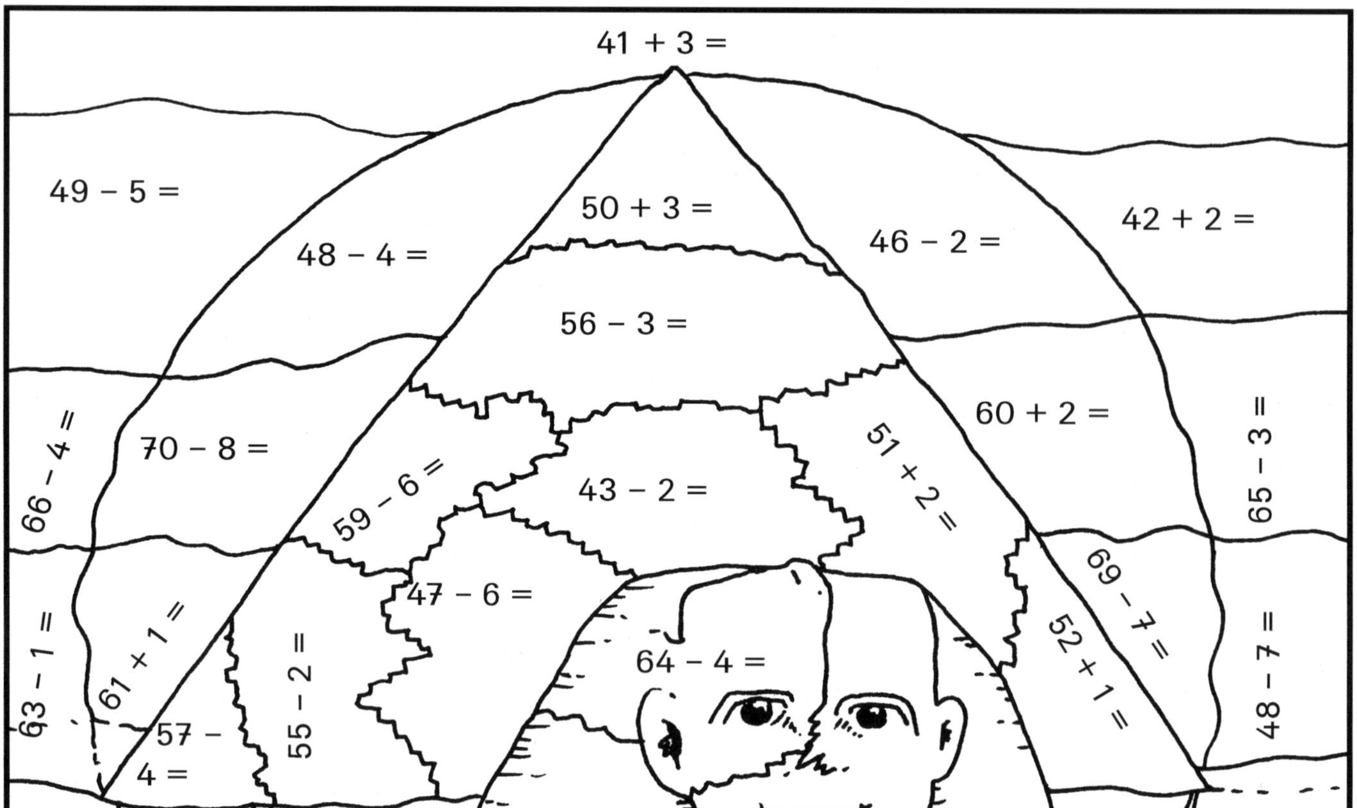

41 + 3 =

49 – 5 =

50 + 3 =

42 + 2 =

48 – 4 =

46 – 2 =

56 – 3 =

66 – 4 =

70 – 8 =

60 + 2 =

65 – 3 =

59 – 6 =

43 – 2 =

51 + 2 =

69 – 7 =

63 – 1 =

61 + 1 =

55 – 2 =

47 – 6 =

64 – 4 =

52 + 1 =

48 – 7 =

57 – 4 =

65 – 5 =

68 – 6 =

45 – 4 =

49 – 8 =

46 – 5 =

44 – 3 =

68 – 8 =

50 – 9 =

62 – 2 =

40 + 1 =

64 – 2 =

70 – 10 =

67 – 7 =

42 – 1 =

63 – 3 =

67 – 5 =

69 – 9 =

58 – 5 =

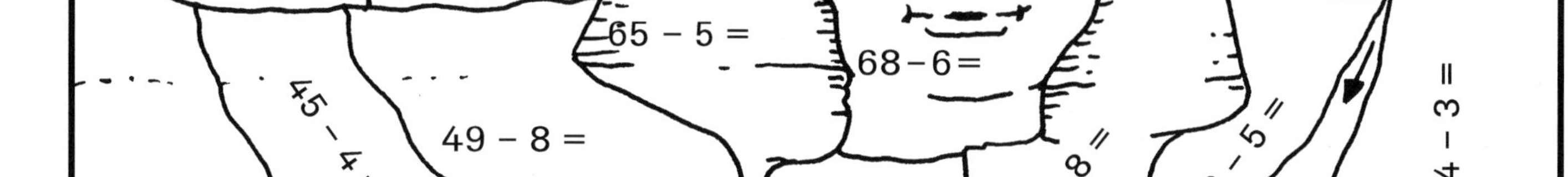

Hallo, wo ist die Wiese mit den Schafen?

Hinter der Pyramide geradeaus. Aber sei leise, hier sind die Pharaonen begraben!

Rechne erst alle Aufgaben und suche dann die Farben! Beginne beim Pfeil!

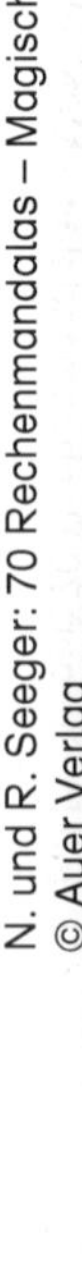

Lösungszahlen und Farben:	**blau:** 44	**hellbraun:** 41
	orange: 60	**dunkelbraun:** 62
	gelb: 53	

Der Wolf

Plusaufgaben ohne Zehnerüberschreitung von 70–100

Rechne erst alle Aufgaben und suche dann die Farben! Beginne beim Pfeil!

Lösungszahlen und Farben:	**schwarz:** 89	**hellgrün:** 84, 96	**hellbraun:** 99
	blau: 95, 72	**dunkelgrün:** 77, 83	**dunkelbraun:** 78
	gelb: 86		

Das Einhorn

Minusaufgaben ohne Zehnerüberschreitung von 70–100

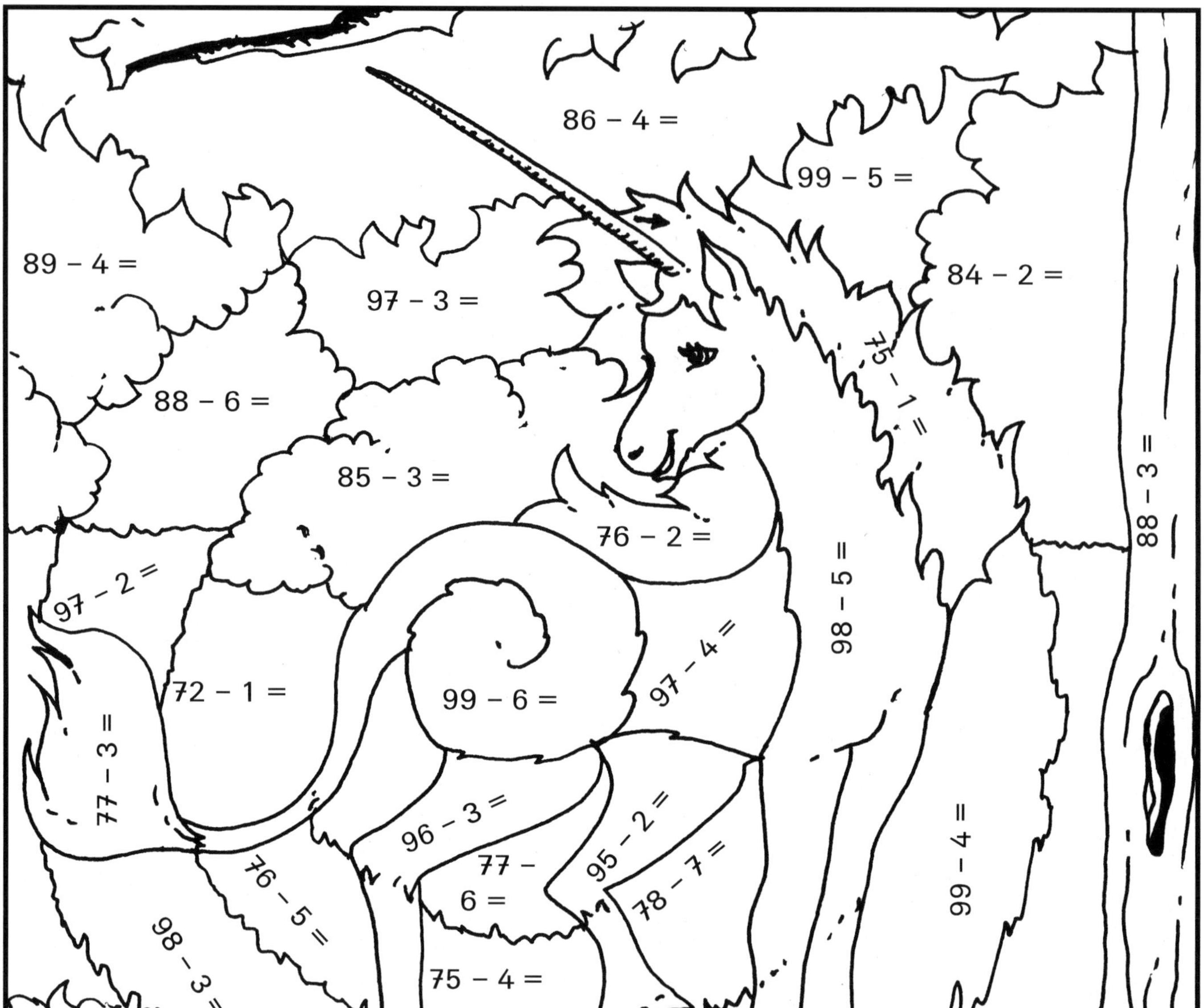

86 – 4 =
99 – 5 =
89 – 4 =
97 – 3 =
84 – 2 =
88 – 6 =
75 – 1 =
88 – 3 =
85 – 3 =
76 – 2 =
97 – 2 =
98 – 5 =
97 – 4 =
72 – 1 =
99 – 6 =
77 – 3 =
96 – 3 =
95 – 2 =
99 – 4 =
77 – 6 =
78 – 7 =
76 – 5 =
98 – 3 =
75 – 4 =
96 – 1 =
80 – 9 =
73 – 2 =

Hallo, ich bin ein Einhorn. Du suchst die Vogelscheuche? Da musst du hier abbiegen.

Rechne erst alle Aufgaben und suche dann die Farben! Beginne beim Pfeil!

Lösungszahlen und Farben:	**blau:**	**gelb:**	**hellgrün:**
	94	74	71
	braun:	**rot:**	**dunkelgrün:**
	85	95	82
	grau:		
	93		

Die Vogelscheuche

Plusaufgaben mit Zehnerüberschreitung in zwei Schritten von 10–100

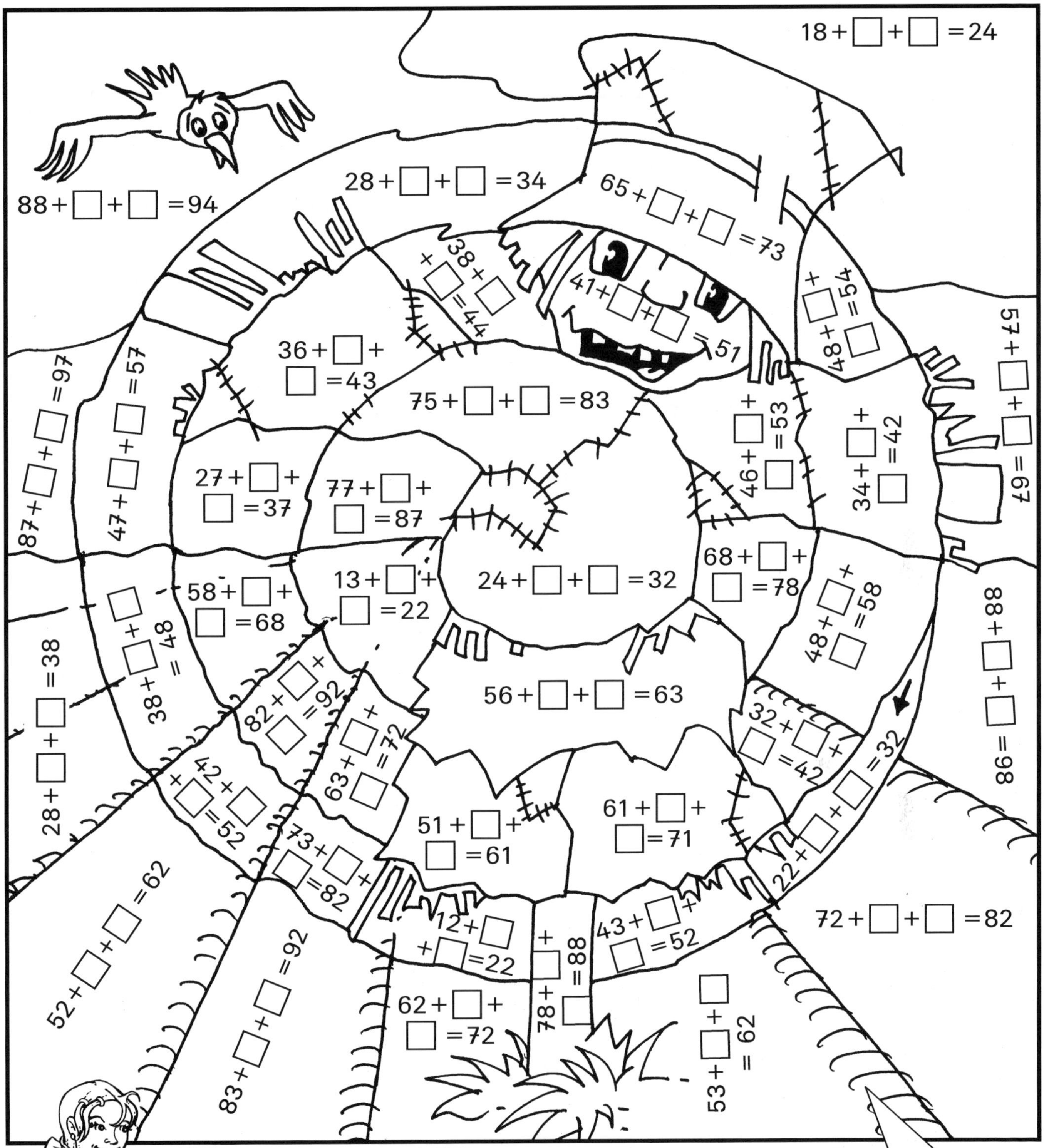

18 + □ + □ = 24

88 + □ + □ = 94

28 + □ + □ = 34

65 + □ + □ = 73

38 + □ + □ = 44

41 + □ + □ = 51

48 + □ + □ = 54

57 + □ + □ = 67

36 + □ + □ = 43

75 + □ + □ = 83

87 + □ + □ = 97

47 + □ + □ = 57

46 + □ + □ = 53

34 + □ + □ = 42

27 + □ + □ = 37

77 + □ + □ = 87

68 + □ + □ = 78

58 + □ + □ = 68

13 + □ + □ = 22

24 + □ + □ = 32

48 + □ + □ = 58

88 + □ + □ = 98

38 + □ + □ = 48

28 + □ + □ = 38

82 + □ + □ = 92

63 + □ + □ = 72

56 + □ + □ = 63

32 + □ + □ = 42

42 + □ + □ = 52

61 + □ + □ = 71

51 + □ + □ = 61

22 + □ + □ = 32

73 + □ + □ = 82

72 + □ + □ = 82

52 + □ + □ = 62

12 + □ + □ = 22

43 + □ + □ = 52

78 + □ + □ = 88

83 + □ + □ = 92

62 + □ + □ = 72

53 + □ + □ = 62

Hallo Vogelscheuche. Wo finde ich den Pegasus?

Schau in den Himmel. Er sitzt auf den Wolken.

Rechne erst alle Aufgaben und suche dann die Farben! Beginne beim Pfeil!

Lösungszahlen und Farben:	**hellblau:** 3+7 **dunkelblau:** 2+4 **gelb:** 9+1	**rot:** 4+3 **orange:** 6+2, 5+3 **braun:** 2+8	**hellgrün:** 8+2 **dunkelgrün:** 7+2

Der Pegasus

Minusaufgaben mit Zehnerüberschreitung in zwei Schritten von 20–100

Rechne erst alle Aufgaben und suche dann die Farben! Beginne beim Pfeil!

Lösungszahlen und Farben:

hellblau: 5 − 5, 4 − 2
dunkelblau: 2 − 8
gelb: 3 − 3

rot: 3 − 5
lila: 3 − 4

dunkelbraun: 1 − 9
hellbraun: 2 − 6
grau: 7 − 3

Nessie

Plus- und Minusaufgaben in zwei Schritten von 10–100

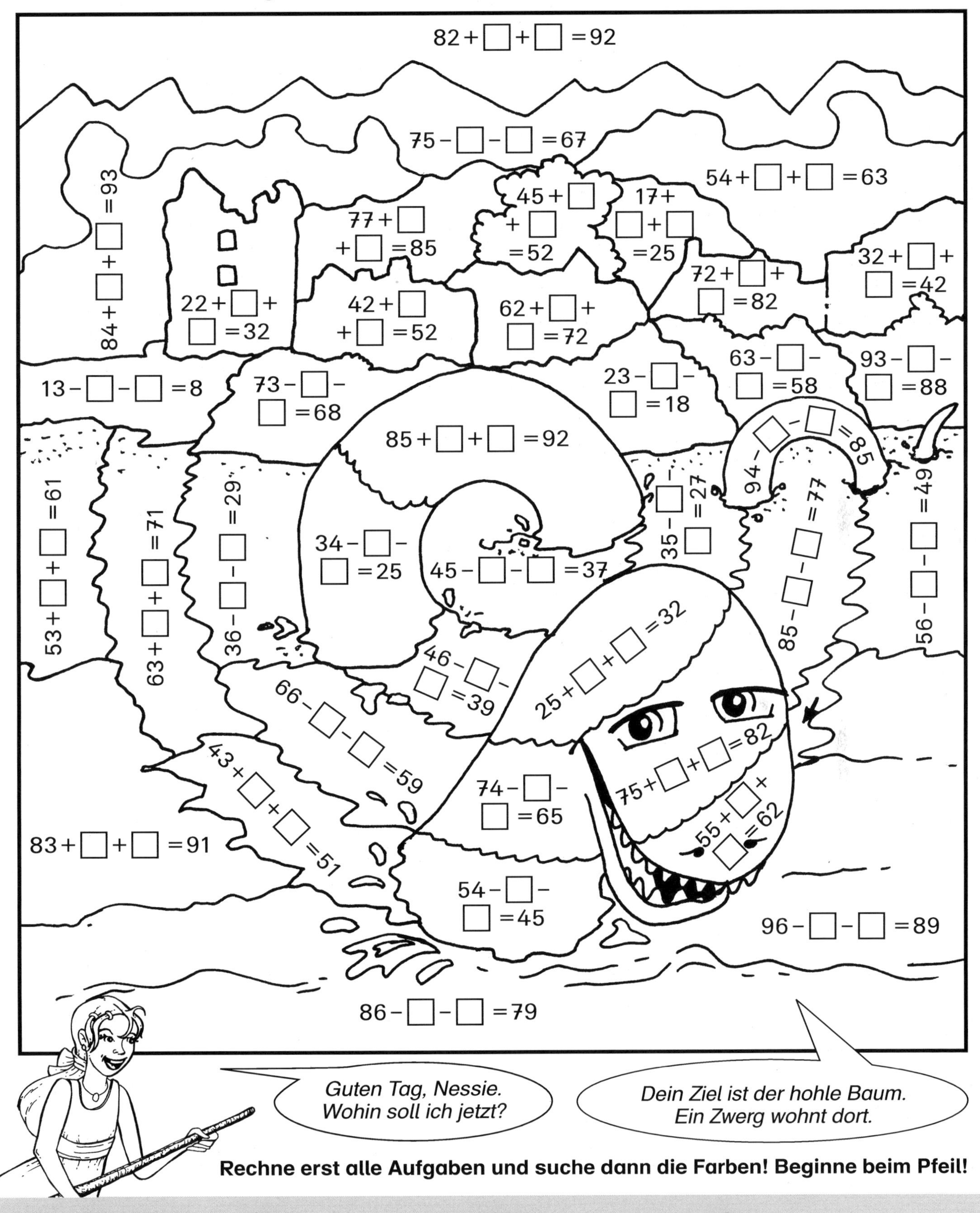

Rechne erst alle Aufgaben und suche dann die Farben! Beginne beim Pfeil!

Lösungszahlen und Farben:	**lila:** 7 + 1	**grau:** 8 + 2	**rot:** 6 + 3
	hellblau: 5 − 3	**hellgrün:** 5 + 2	**gelb:** 3 + 5
	dunkelblau: 6 − 1	**dunkelgrün:** 4 − 5	**braun:** 3 − 2

Der Zwerg

Plusaufgaben von 10–50 mit Zehnerüberschreitung

Rechne erst alle Aufgaben und suche dann die Farben! Beginne beim Pfeil!

Lösungszahlen und Farben:			
	grau: 44	**hellbraun:** 25	**hellgrün:** 33
	orange: 34	**dunkelbraun:** 46, 38	**dunkelgrün:** 32
	rot: 42	**blau:** 26	**lila:** 43

Der Bär

Minusaufgaben von 10–50 mit Zehnerüberschreitung

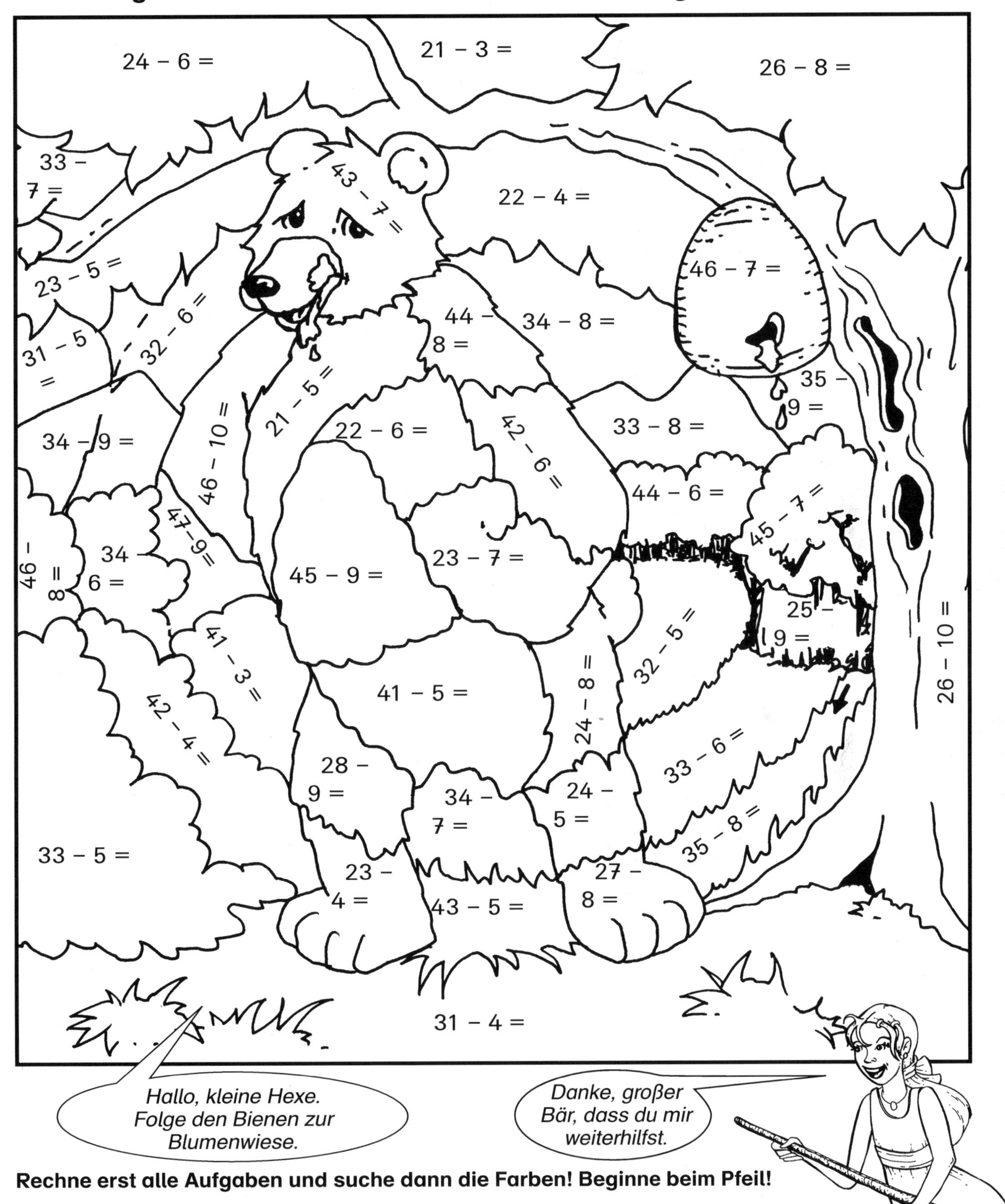

Rechne erst alle Aufgaben und suche dann die Farben! Beginne beim Pfeil!

Lösungszahlen und Farben:	**gelb:**	**hellbraun:**	**hellgrün:**
	39	36	27
	orange:	**dunkelbraun:**	**dunkelgrün:**
	28	16, 19	38
	rot:	**weiß:**	**blau:**
	18	25	26

Die Zauberfee

Plusaufgaben von 50–100 mit Zehnerüberschreitung

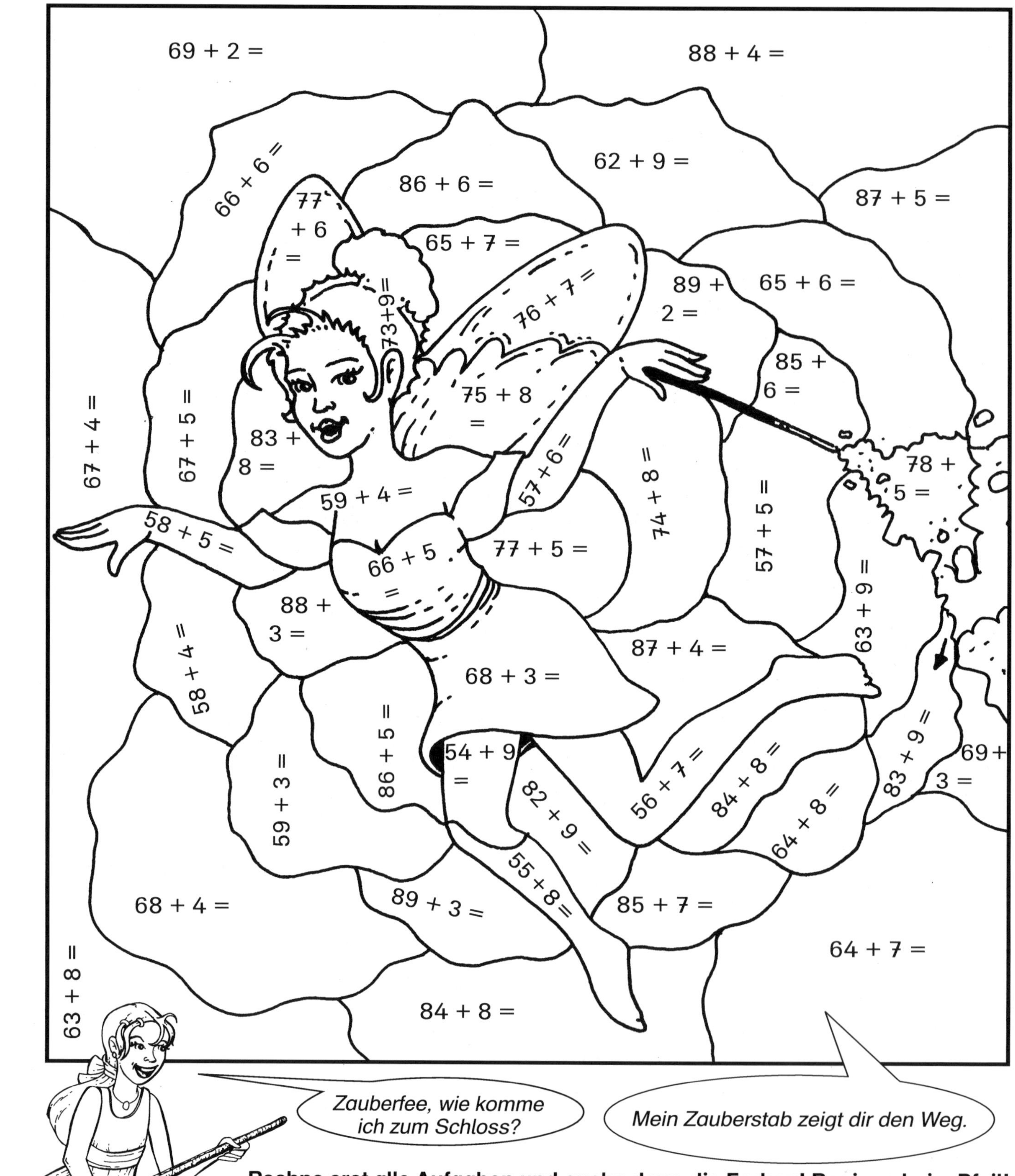

69 + 2 =
88 + 4 =
66 + 6 =
62 + 9 =
86 + 6 =
87 + 5 =
77 + 6 =
65 + 7 =
76 + 7 =
89 + 2 =
65 + 6 =
73 + 9 =
85 + 6 =
75 + 8 =
67 + 4 =
67 + 5 =
83 + 8 =
57 + 6 =
74 + 8 =
57 + 5 =
78 + 5 =
59 + 4 =
58 + 5 =
66 + 5 =
77 + 5 =
63 + 9 =
88 + 3 =
58 + 4 =
87 + 4 =
68 + 3 =
86 + 5 =
59 + 3 =
54 + 9 =
82 + 9 =
56 + 7 =
84 + 8 =
84 + 8 =
64 + 8 =
83 + 9 =
69 + 3 =
55 + 8 =
89 + 3 =
85 + 7 =
68 + 4 =
64 + 7 =
63 + 8 =
84 + 8 =

Zauberfee, wie komme ich zum Schloss?

Mein Zauberstab zeigt dir den Weg.

Rechne erst alle Aufgaben und suche dann die Farben! Beginne beim Pfeil!

Lösungszahlen und Farben:

gelb: 82
grün: 71
blau: 83
lila: 92
hellbraun: 63
dunkelbraun: 72
orange: 91
rot: 62

Der König

Minusaufgaben von 50–100 mit Zehnerüberschreitung

Rechne erst alle Aufgaben und suche dann die Farben! Beginne beim Pfeil!

Lösungszahlen und Farben:	**gelb:** 53, 58	**rot:** 78	**blau:** 64, 56
	hellbraun: 68	**hellgrün:** 79	**orange:** 85
	dunkelbraun: 59	**dunkelgrün:** 89	**lila:** 88

Die Meerjungfrau

Plus- und Minusaufgaben von 10–100

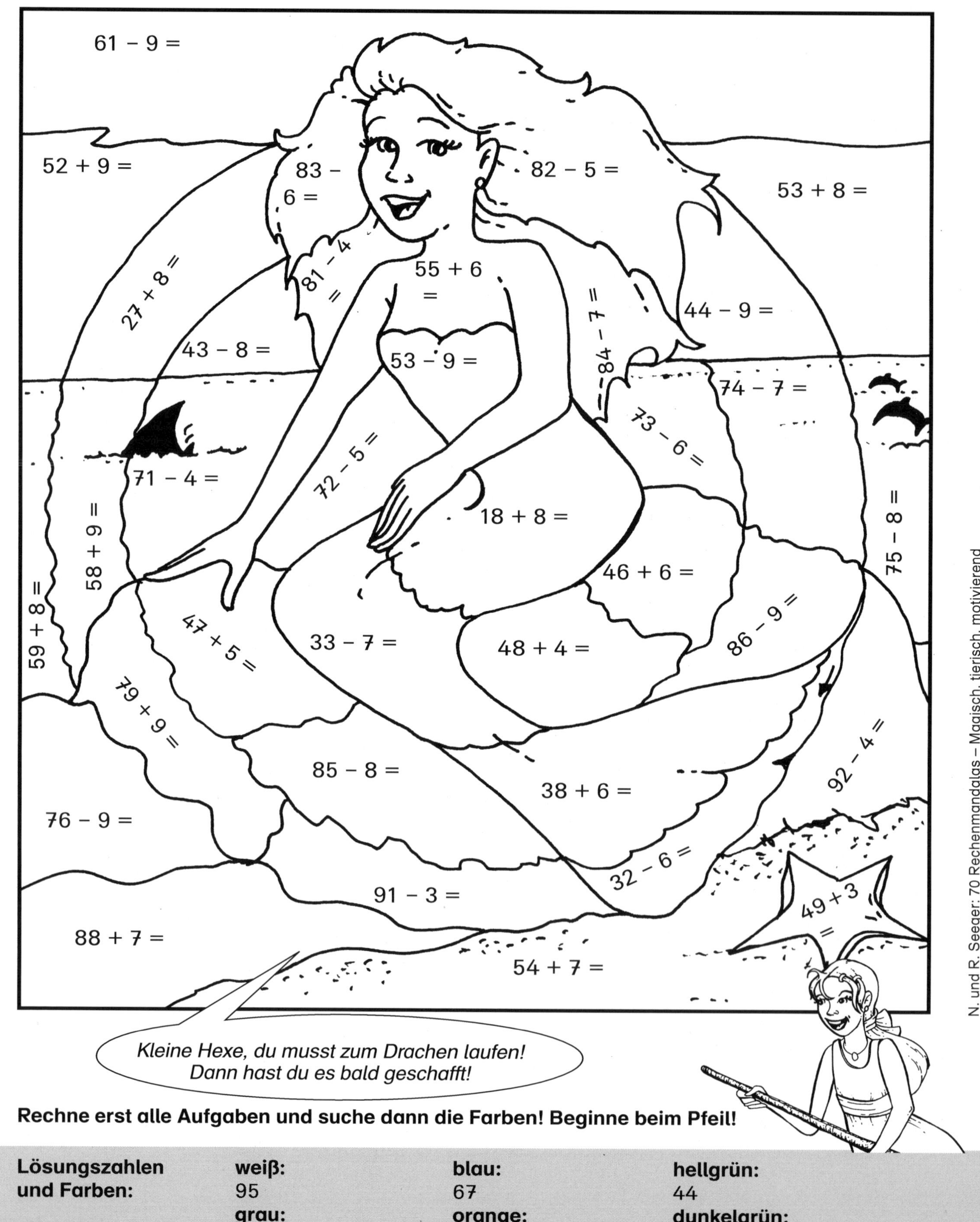

Rechne erst alle Aufgaben und suche dann die Farben! Beginne beim Pfeil!

Lösungszahlen und Farben:	**weiß:** 95	**blau:** 67	**hellgrün:** 44
	grau: 88	**orange:** 61	**dunkelgrün:** 26
	rot: 52	**braun:** 77	**gelb:** 35

Der Drache

Plus- und Minusaufgaben von 10–100

Rechne erst alle Aufgaben und suche dann die Farben! Beginne beim Pfeil!

Lösungszahlen und Farben:

grau: 63
lila: 71
hellrot: 45
hellblau: 28
dunkelblau: 86
dunkelbraun: 54
hellbraun: 33
orange: 88

Die Eule

Plusaufgaben mit Platzhalter von 10–100

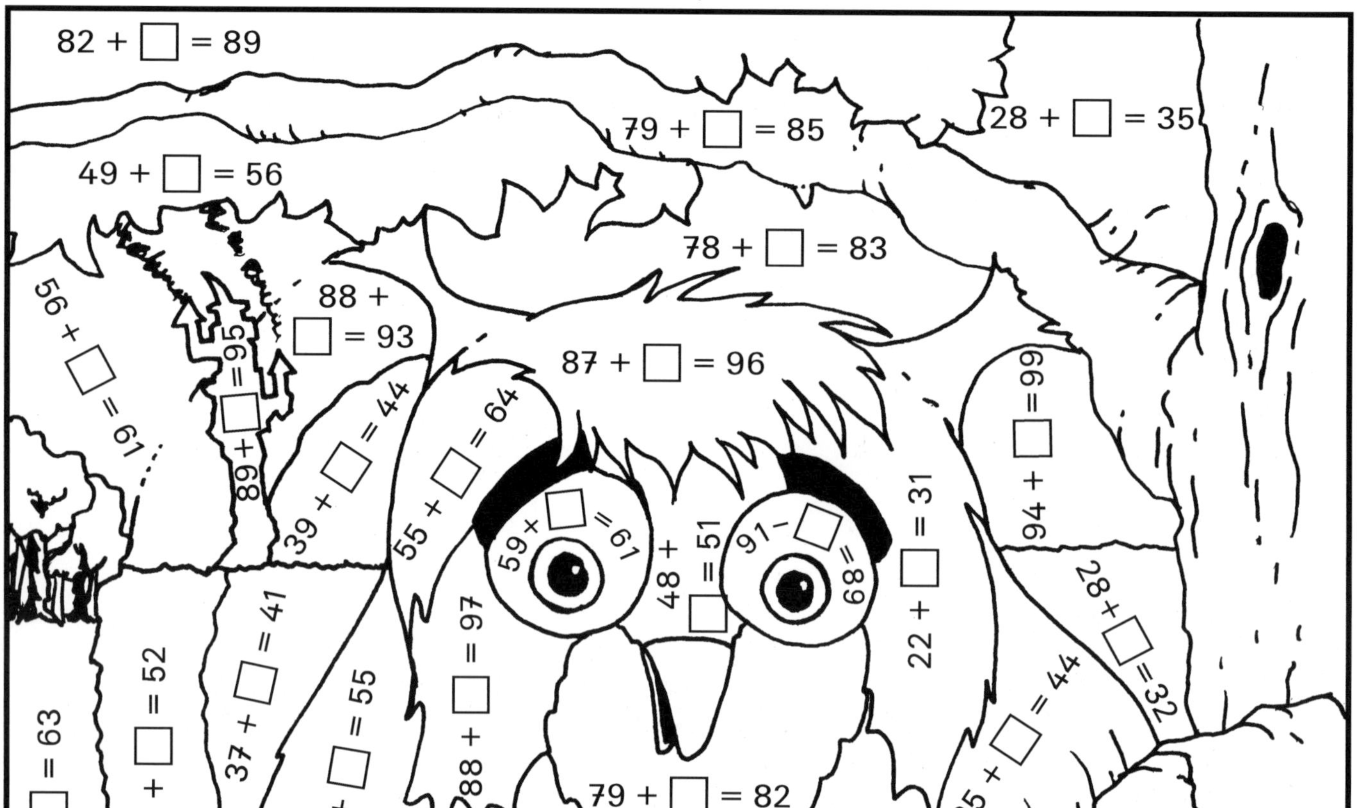

82 + □ = 89

79 + □ = 85

28 + □ = 35

49 + □ = 56

78 + □ = 83

56 + □ = 61

88 + □ = 93

89 + □ = 95

87 + □ = 96

39 + □ = 44

55 + □ = 64

94 + □ = 99

59 + □ = 61

48 + □ = 51

91 – □ = 89

22 + □ = 31

28 + □ = 32

88 + □ = 97

37 + □ = 41

48 + □ = 52

46 + □ = 55

59 + □ = 63

35 + □ = 44

79 + □ = 82

33 + □ = 41

44 + □ = 52

66 + □ = 72

16 + □ = 22

65 + □ = 71

28 + □ = 34

41 – □ = 39

19 + □ = 21

87 + □ = 93

56 + □ = 65

88 + □ = 92

68 + □ = 77

57 + □ = 61

76 + □ = 84

35 + □ = 41

69 + □ = 72

39 + □ = 43

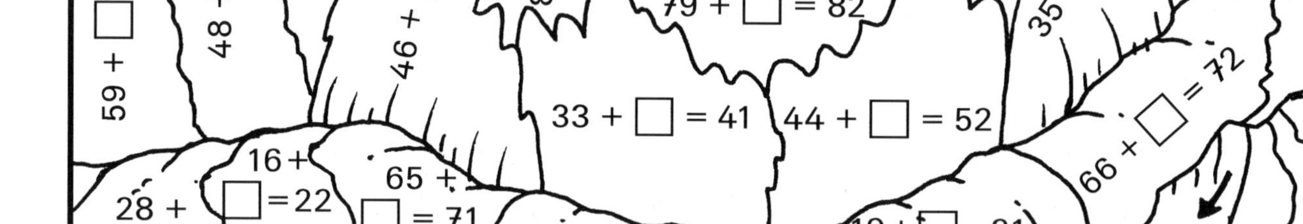

Liebe Eule, wie finde ich den alten Turm?

Suche die Maus. Sie kann dir helfen.

Rechne erst alle Aufgaben und suche dann die Farben! Beginne beim Pfeil!

Lösungszahlen und Farben:

hellgrün: 4
dunkelgrün: 7
orange: 3

rot: 8
blau: 5
gelb: 2

hellbraun: 9
dunkelbraun: 6

Die Maus

Minusaufgaben mit Platzhalter von 10–100

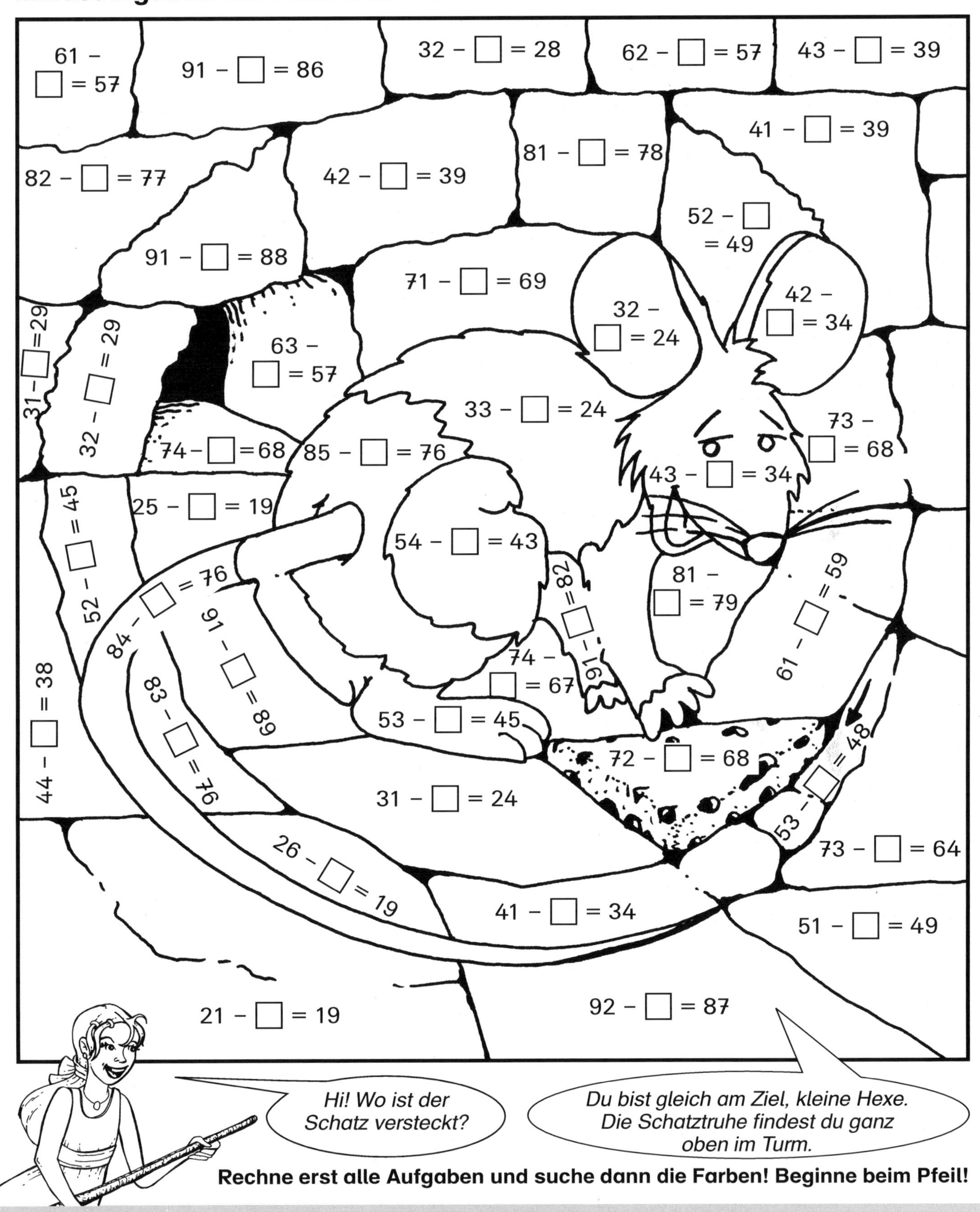

Rechne erst alle Aufgaben und suche dann die Farben! Beginne beim Pfeil!

Lösungszahlen und Farben:

gelb:	schwarz:	grün:
4	6	3
orange:	**dunkelbraun:**	**rot:**
8	2	7
grau:	**hellbraun:**	
9	5	

Der Schatz

Plus- und Minusaufgaben mit Platzhalter von 1–100

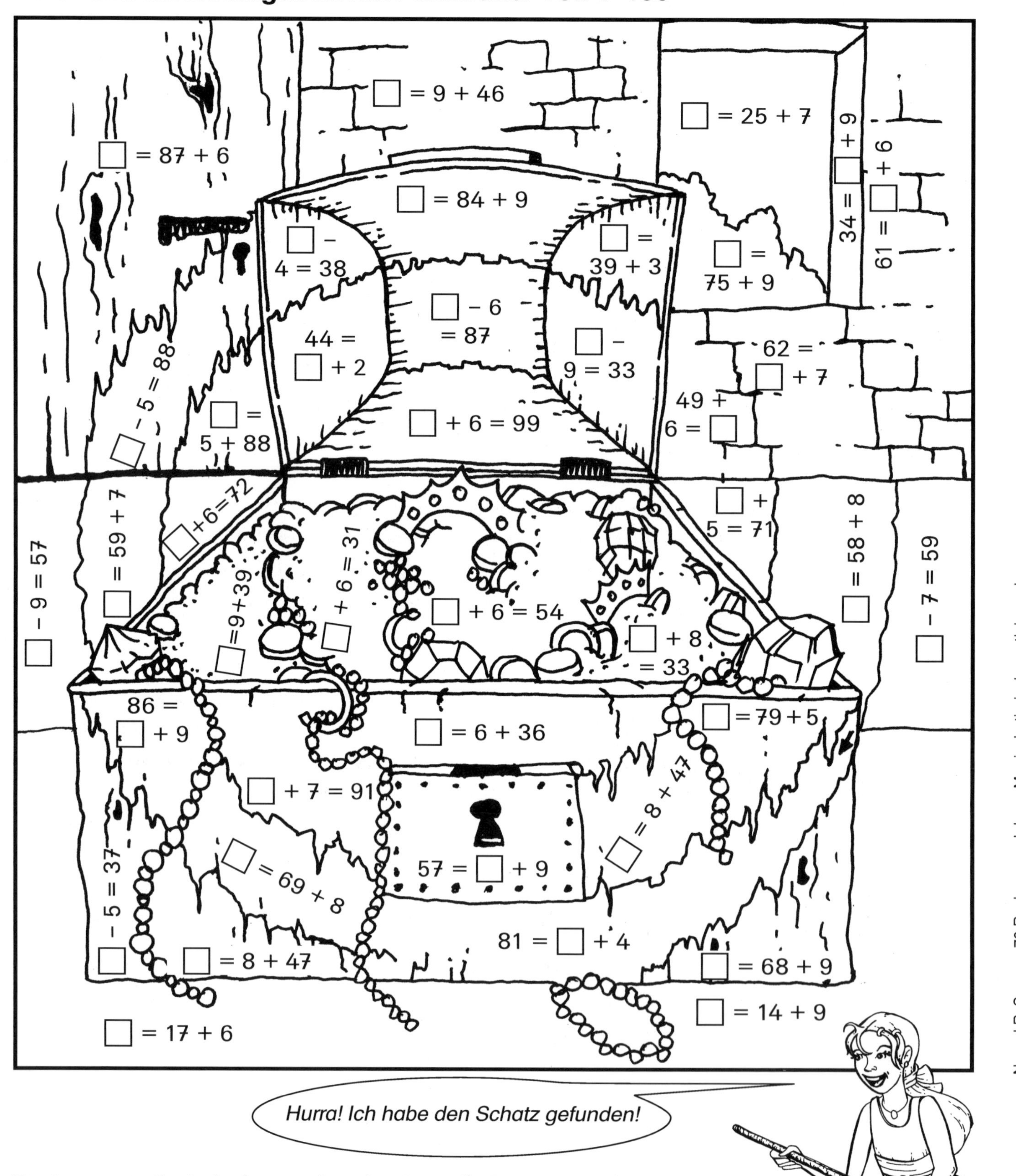

Rechne erst alle Aufgaben und suche dann die Farben! Beginne beim Pfeil!

Lösungszahlen und Farben:	**orange:** 25	**blau:** 32, 23	**gelb:** 48
	hellbraun: 55	**rot:** 66	**grün:** 84
	dunkelbraun: 42	**lila:** 77	**grau:** 93

Die Schnecke

Malaufgaben zur Zweier-, Vierer- und Achterreihe

Lösungszahlen und Farben:

gelb: 6, 10, 14, 18, 20

orange: 8, 12, 32, 36

rot: 24, 48, 56, 72

braun: 4, 16, 40, 64

Rechne erst alle Aufgaben und suche dann die Farben! Beginne beim Pfeil!

Der Tintenfisch

Malaufgaben zur Dreier-, Sechser- und Neunerreihe

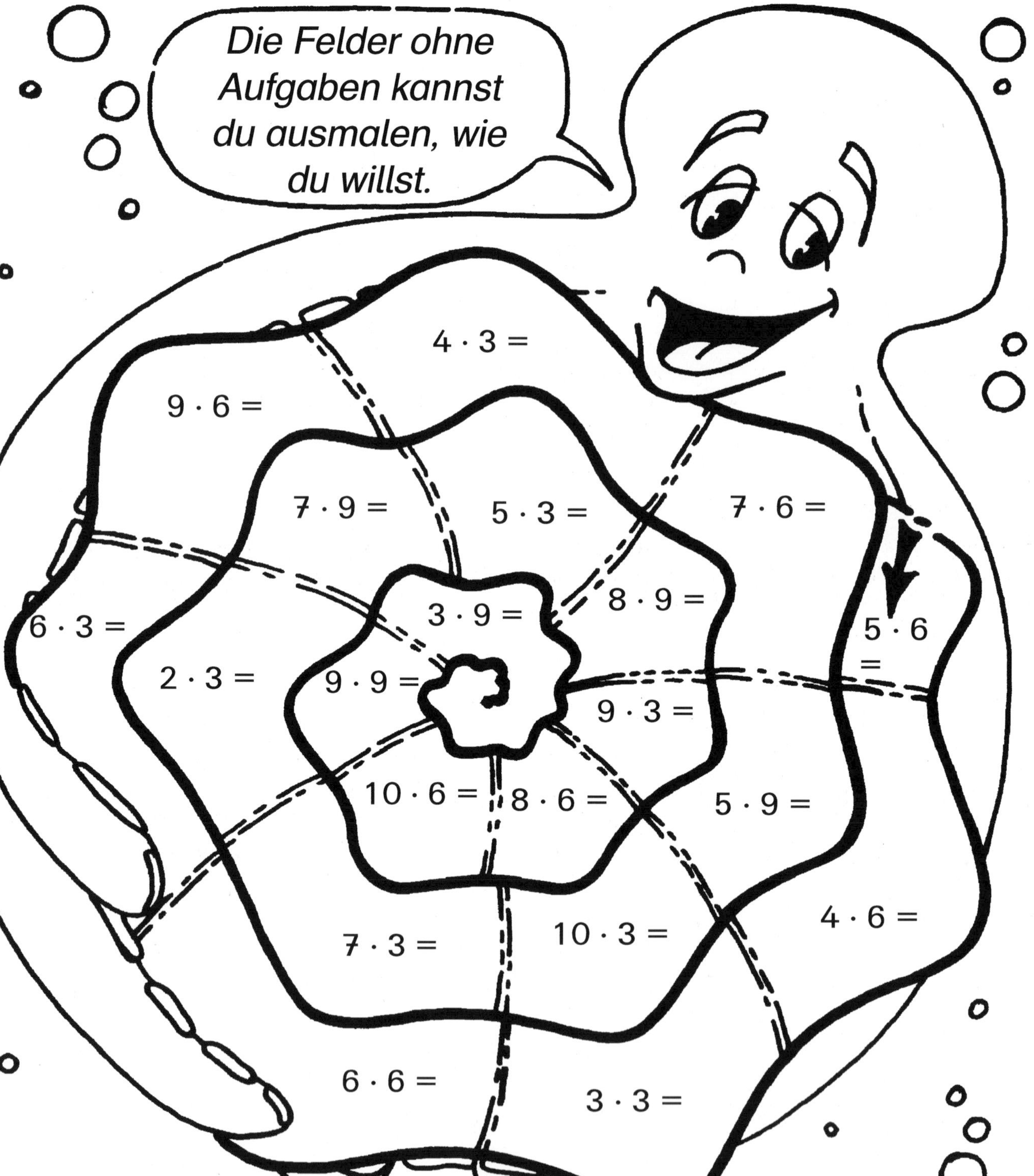

Die Felder ohne Aufgaben kannst du ausmalen, wie du willst.

4 · 3 =

9 · 6 =

7 · 9 =

5 · 3 =

7 · 6 =

6 · 3 =

3 · 9 =

8 · 9 =

5 · 6 =

2 · 3 =

9 · 9 =

9 · 3 =

10 · 6 =

8 · 6 =

5 · 9 =

7 · 3 =

10 · 3 =

4 · 6 =

6 · 6 =

3 · 3 =

Rechne erst alle Aufgaben und suche dann die Farben! Beginne beim Pfeil!

Lösungszahlen und Farben:	**blau:** 9, 12, 18, 21, 27	**hellgrün:** 45, 63, 72, 81
	grün: 24, 36, 42, 48, 54	**orange:** 6, 15, 30, 60

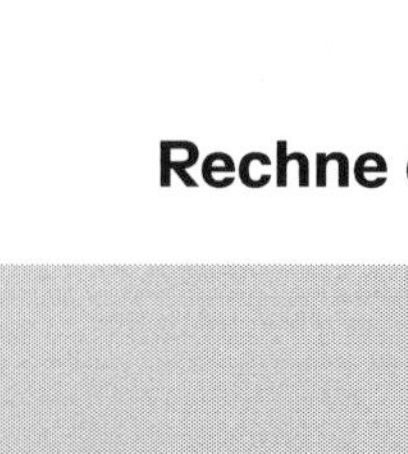

Die Schildkröte

Malaufgaben zur Fünfer- und Zehnerreihe

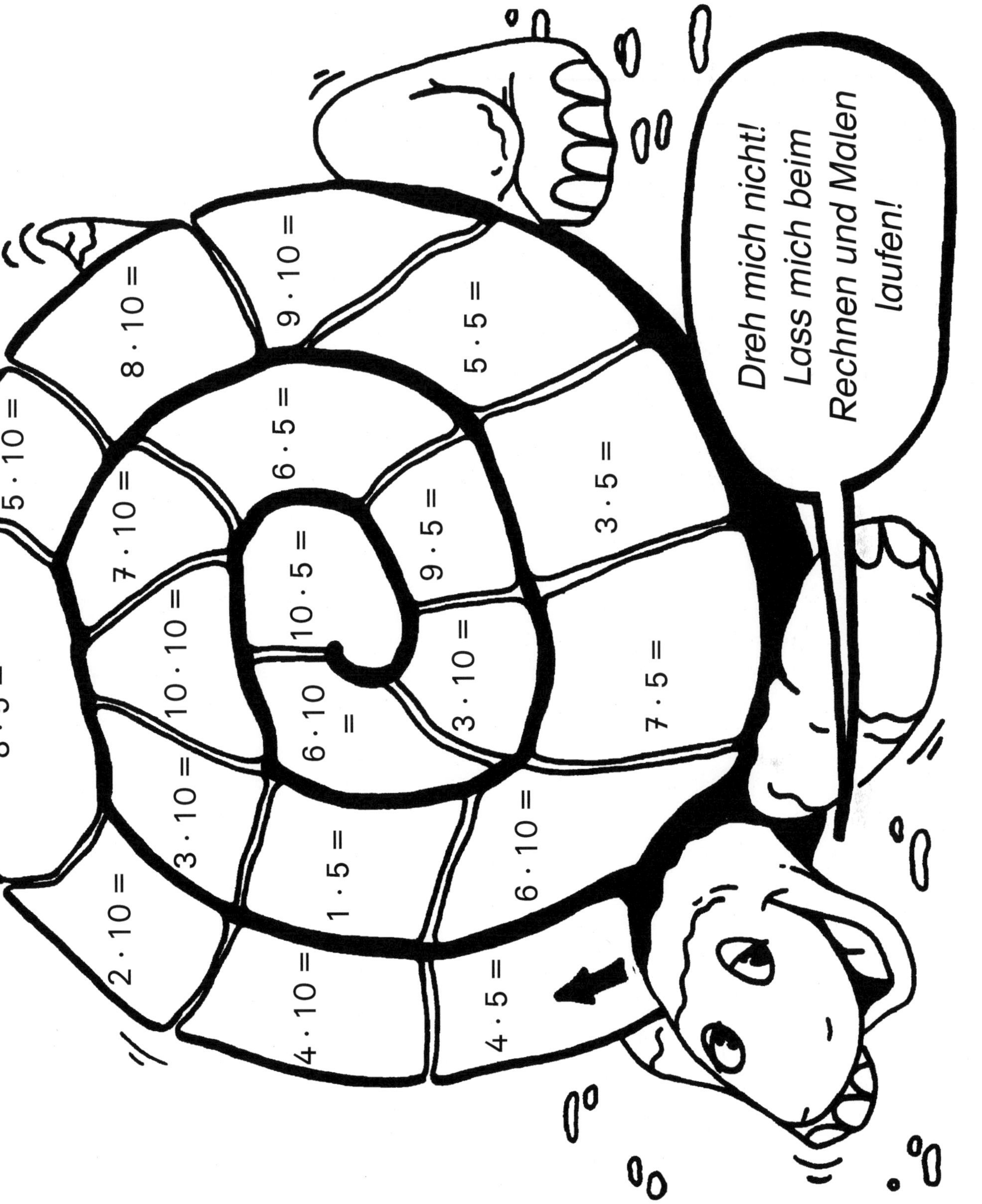

Dreh mich nicht! Lass mich beim Rechnen und Malen laufen!

$8 \cdot 5 =$

$2 \cdot 10 =$

$5 \cdot 10 =$

$3 \cdot 10 =$

$7 \cdot 10 =$

$4 \cdot 10 =$

$10 \cdot 10 =$

$8 \cdot 10 =$

$1 \cdot 5 =$

$6 \cdot 10 =$

$10 \cdot 5 =$

$6 \cdot 5 =$

$9 \cdot 10 =$

$4 \cdot 5 =$

$6 \cdot 10 =$

$3 \cdot 10 =$

$9 \cdot 5 =$

$7 \cdot 5 =$

$3 \cdot 5 =$

$5 \cdot 5 =$

Rechne erst alle Aufgaben und suche dann die Farben! Beginne beim Pfeil!

Lösungszahlen und Farben:

orange
40, 80

hellgrün:
5, 20, 100

dunkelgrün:
60, 70, 30

hellbraun:
15, 30

dunkelbraun:
25, 35, 45, 50

Der Hahn

Malaufgaben zur Siebenerreihe

Rechne erst alle Aufgaben und suche dann die Farben! Beginne beim Pfeil!

Lösungszahlen und Farben:

gelb: 8, 35, 56

grün: 9, 42, 63

orange: 3, 6, 21

hellbraun: 2, 14, 70

rot: 7, 28, 49

dunkelbraun: 5, 10

Das Feuerwehrauto

Malaufgaben zur Sechser-, Siebener- und Achterreihe

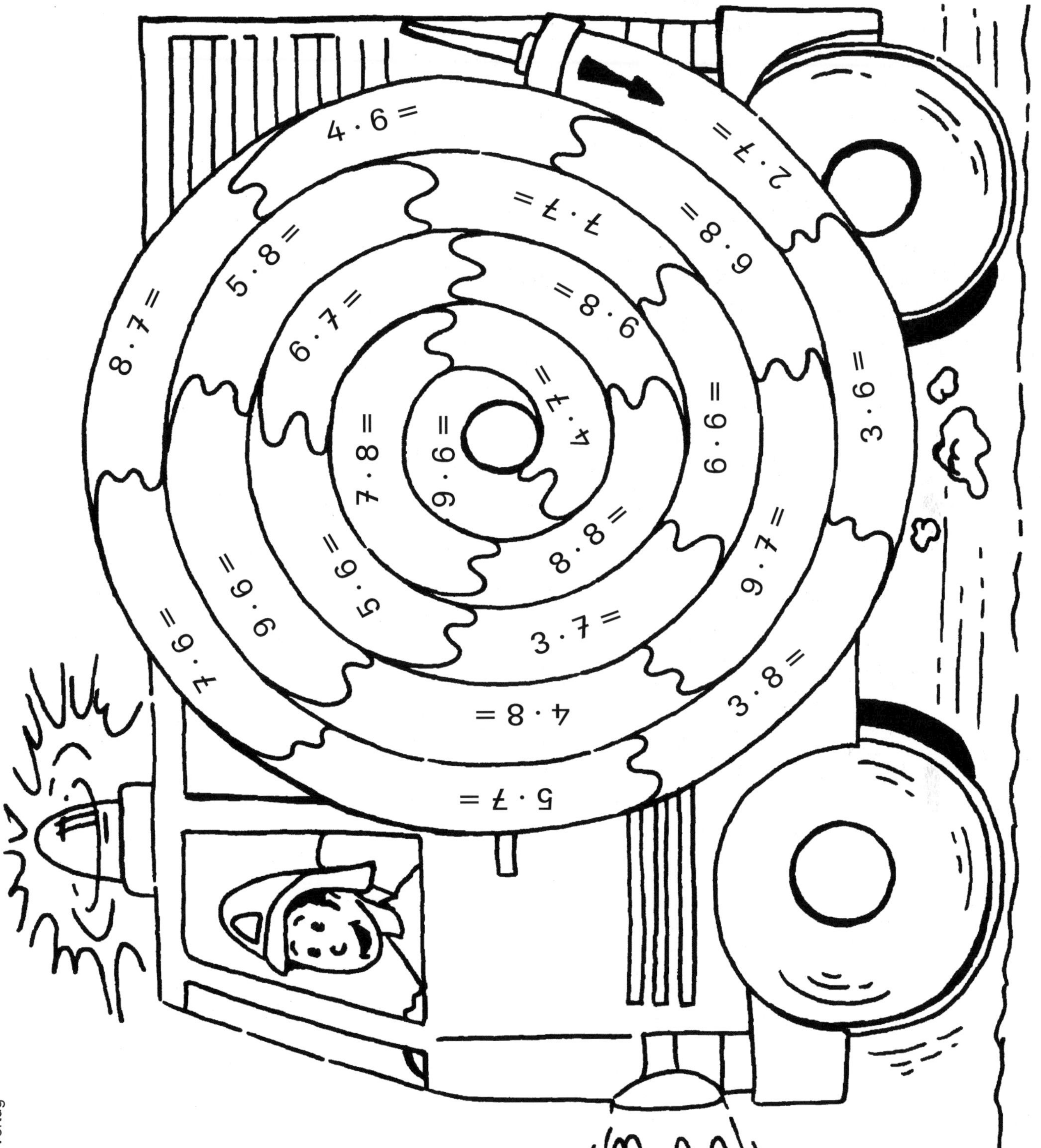

2 · 7 =
3 · 6 =
9 · 7 =
3 · 8 =
5 · 7 =
7 · 6 =
8 · 7 =
4 · 6 =
9 · 8 =
6 · 6 =
3 · 7 =
4 · 8 =
9 · 6 =
5 · 8 =
7 · 7 =
9 · 8 =
8 · 8 =
5 · 6 =
6 · 7 =
4 · 7 =
9 · 6 =
7 · 8 =

Rechne erst alle Aufgaben und suche dann die Farben! Beginne beim Pfeil!

Lösungszahlen und Farben:

gelb: 24, 32, 56, 72

orange: 40, 48, 64

rot: 18, 30, 36, 42, 54

lila: 14, 21, 28, 35, 42, 49, 63

Der Ballon

Malaufgaben zur Siebener-, Achter- und Neunerreihe

$8 \cdot 8 =$
$3 \cdot 8 =$
$\square \cdot 9 = 81$
$7 \cdot 9 =$
$4 \cdot 7 =$
$7 \cdot 7 =$
$\square \cdot 8 = 72$
$9 \cdot 8 =$
$9 \cdot 7 =$
$\square \cdot 9 = 81$
$5 \cdot 8 =$
$10 \cdot 8 =$
$\square \cdot 8 = 48$
$\square \cdot 9 = 54$
$5 \cdot 7 =$
$3 \cdot 9 =$
$4 \cdot 9 =$
$7 \cdot 8 =$
$9 \cdot 9 =$
$6 \cdot 9 =$
$10 \cdot 7 =$
$\square \cdot 9 = 36$
$3 \cdot 7 =$
$2 \cdot 8 =$
$6 \cdot 8 =$
$6 \cdot 7 =$
$2 \cdot 9 =$
$5 \cdot 9 =$

Rechne erst alle Aufgaben und suche dann die Farben! Beginne beim Pfeil!

Lösungszahlen und Farben:

gelb: 16, 40, 64, 72

orange: 24, 48, 56, 80

dunkelblau: 28, 35, 42, 70

hellblau: 4, 18, 27, 81

rot: 6, 9, 36, 45, 54

grün: 21, 49, 63

Der Fisch

Teilaufgaben zur Zweier-, Vierer- und Achterreihe

10 : 2 =

48 : 8 =

12 : 4 =

20 : 4 =

28 : 4 =

8 : 4 =

36 : 4 =

24 : 4 =

32 : 8 =

72 : 8 =

18 : 2 =

16 : 2 =

□ : 2 = 8

20 : 2 =

□ : 8 = 5

□ : 8 = 7

14 : 2 =

64 : 8 =

Rechne erst alle Aufgaben und suche dann die Farben! Beginne beim Pfeil!

Lösungszahlen und Farben:

rot: 5, 7, 8

orange: 9, 10

hellblau: 2, 3, 6

dunkelblau: 4, 16, 40, 56

Der Igel

Teilaufgaben zur Dreier-, Sechser- und Neunerreihe

9 : 3 =

18 : 9 =

54 : 9 =

21 : 3 =

60 : 6 =

72 : 9 =

24 : 6 =

45 : 9 =

54 : 6 =

□ : 3 = 5

□ : 9 = 2

42 : 6 =

□ : 9 = 3

27 : 3 =

□ : 9 = 7

□ : 3 = 8

□ : 9 = 9

□ : 6 = 6

□ : 3 = 3

□ : 6 = 5

□ : 9 = 10

MILCH

Rechne erst alle Aufgaben und suche dann die Farben! Beginne beim Pfeil!

Lösungszahlen und Farben:

orange: 3

rot: 15, 24

hellbraun: 4, 7, 10, 18, 30, 36

dunkelbraun: 2, 5, 6, 8, 9, 63, 81, 90

Die Schlange

Gemischte Aufgaben zur Fünfer- und Zehnerreihe

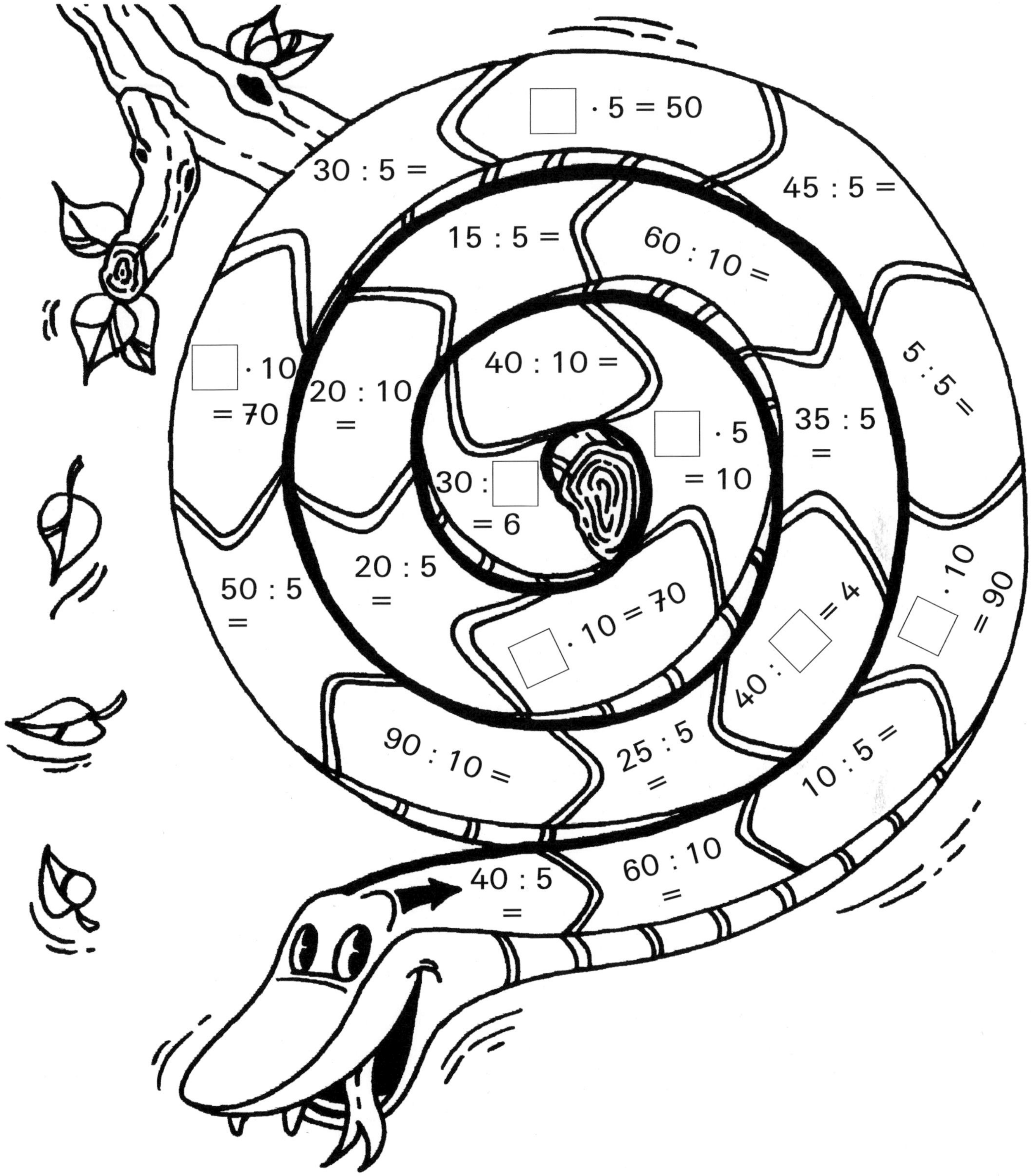

40 : 5 =

60 : 10 =

10 : 5 =

□ · 10 = 90

5 : 5 =

45 : 5 =

□ · 5 = 50

30 : 5 =

□ · 10 = 70

50 : 5 =

90 : 10 =

25 : 5 =

40 : □ = 4

35 : 5 =

60 : 10 =

15 : 5 =

20 : 10 =

20 : 5 =

□ · 10 = 70

□ · 5 = 10

40 : 10 =

30 : □ = 6

Rechne erst alle Aufgaben und suche dann die Farben! Beginne beim Pfeil!

Lösungszahlen und Farben:

hellgrün: 4, 6

dunkelgrün: 7, 8

orange: 2, 5

rot: 3, 9

braun: 1, 10

Die Robbe

Gemischte Aufgaben zur Siebenerreihe

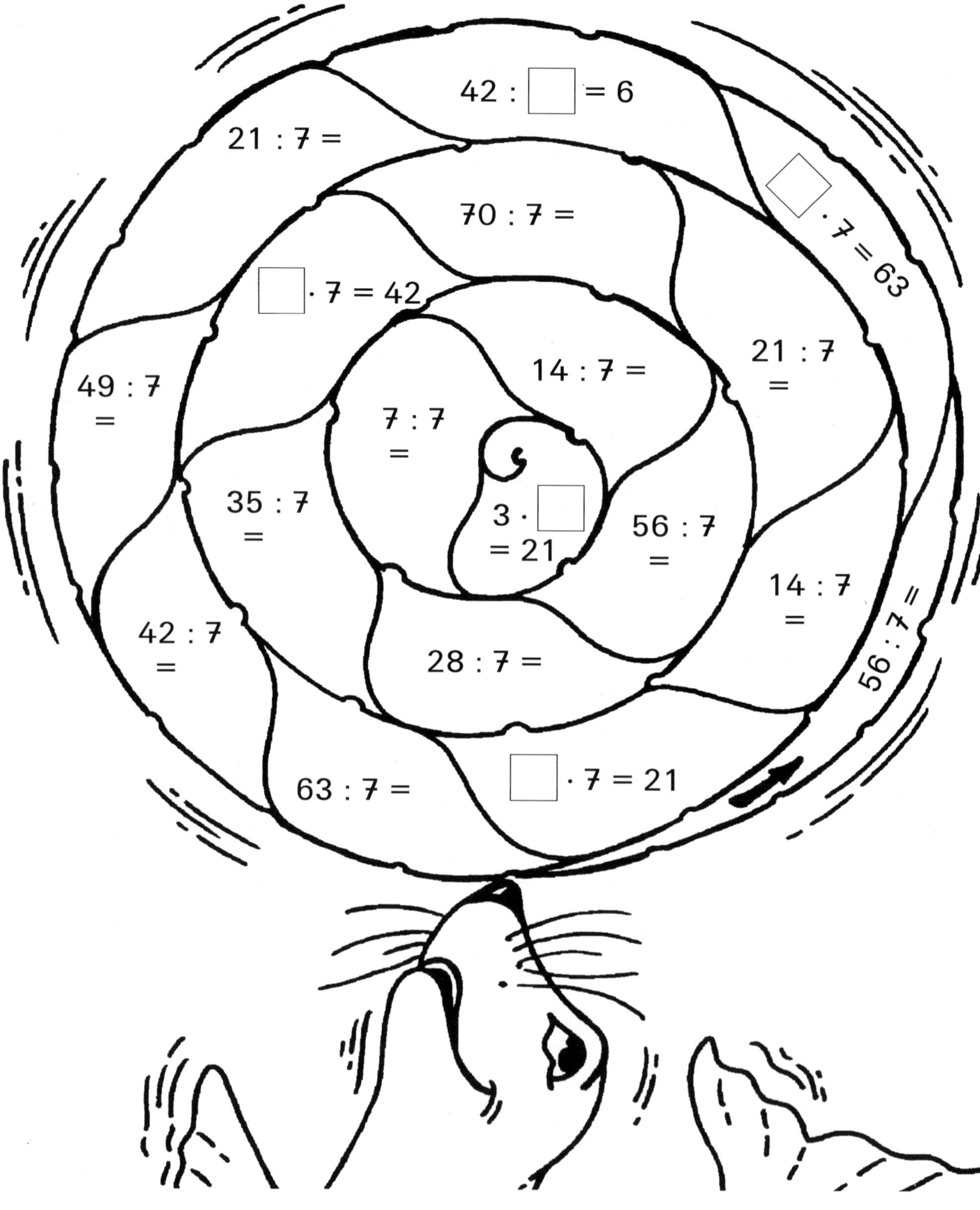

42 : ☐ = 6

21 : 7 =

☐ · 7 = 63

70 : 7 =

☐ · 7 = 42

21 : 7 =

49 : 7 =

14 : 7 =

7 : 7 =

35 : 7 =

3 · ☐ = 21

56 : 7 =

14 : 7 =

56 : 7 =

42 : 7 =

28 : 7 =

63 : 7 =

☐ · 7 = 21

Rechne erst alle Aufgaben und suche dann die Farben! Beginne beim Pfeil!

Lösungszahlen und Farben:	**blau:** 3, 6, 9	**gelb:** 1, 8
	orange: 2, 4, 7	**rot:** 5, 10

Das Spinnennetz

Teilaufgaben zur Sechser-, Siebener- und Achterreihe

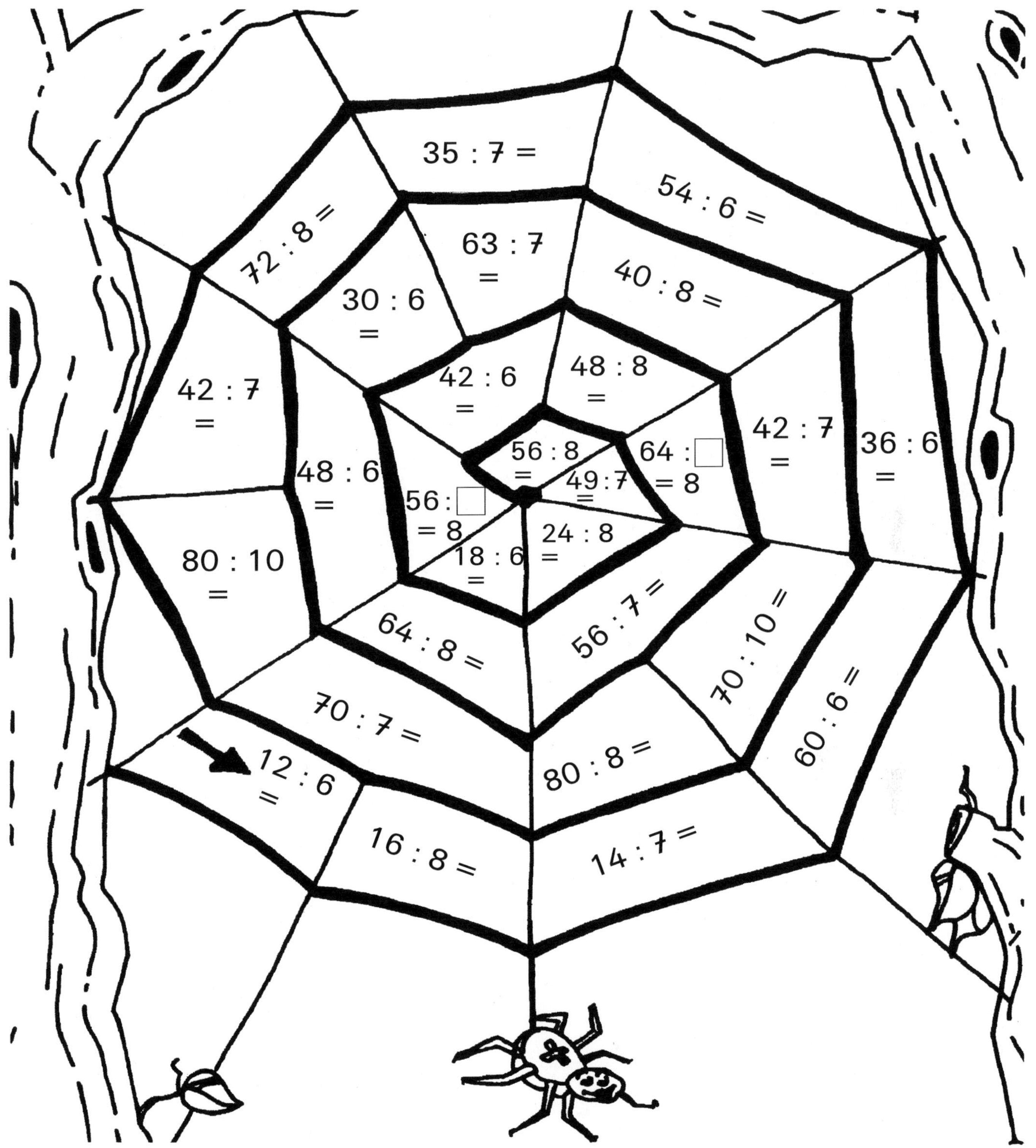

Rechne erst alle Aufgaben und suche dann die Farben! Beginne beim Pfeil!

Lösungszahlen und Farben:

gelb: 3, 7

hellblau: 6

dunkelblau: 9, 5

hellgrün: 10

grün: 2

orange: 8

Die Delfine

Teilaufgaben zur Siebener-, Achter- und Neunerreihe

48 : 8 =

14 : 7 =

49 : ☐ = 7

81 : ☐ = 9

9 : 9 =

64 : ☐ = 8

24 : 8 =

90 : 9 =

72 : ☐ = 8

56 : ☐ = 8

48 : ☐ = 6

56 : 7 =

54 : ☐ = 6

7 : 7 =

72 : 9 =

40 : 8 =

54 : 9 =

36 : 9 =

56 : 8 =

21 : 7 =

Rechne erst alle Aufgaben und suche dann die Farben! Beginne beim Pfeil!

Lösungszahlen und Farben:	**rot:** 2, 8	**hellblau:** 3, 9, 10
	gelb: 4, 6	**dunkelblau:** 1, 5, 7

Der Jongleur

Gemischte Aufgaben zu allen Einmaleinsreihen

$8 \cdot 9 =$

$2 \cdot 6 =$

$10 \cdot 4 =$

$\square : 8 = 9$

$\square : 9 = 5$

$\square : 2 = 6$

$2 \cdot 7 =$

$5 \cdot 9 =$

$\square : 5 = 8$

$\square : 2 = 7$

$7 \cdot 8 =$

$\square : 7 = 8$

$9 : 3 =$

$3 \cdot 3 =$

Rechne erst alle Aufgaben und suche dann die Farben! Beginne beim Pfeil!

Lösungszahlen und Farben:

gelb: 56

rot: 72

blau: 3, 14

orange: 40

lila: 12

grün: 9

schwarz: 45

Der Bogenschütze

Gemischte Aufgaben zu allen Einmaleinsreihen

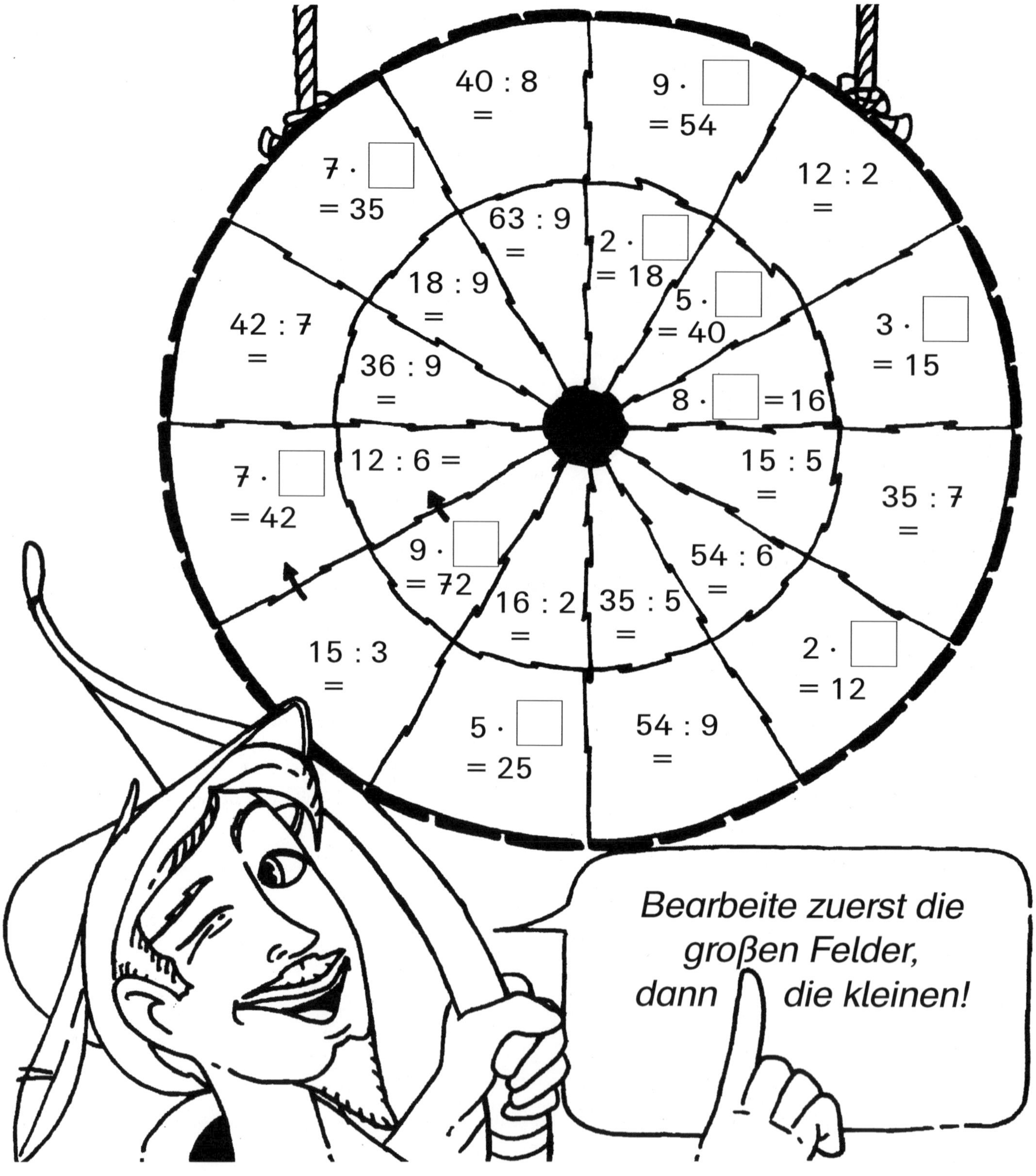

40 : 8 =

9 · ☐ = 54

7 · ☐ = 35

12 : 2 =

63 : 9 =

2 · ☐ = 18

18 : 9 =

5 · ☐ = 40

42 : 7 =

3 · ☐ = 15

36 : 9 =

8 · ☐ = 16

12 : 6 =

15 : 5 =

7 · ☐ = 42

35 : 7 =

9 · ☐ = 72

54 : 6 =

16 : 2 =

35 : 5 =

15 : 3 =

2 · ☐ = 12

5 · ☐ = 25

54 : 9 =

Bearbeite zuerst die großen Felder, dann die kleinen!

Rechne erst alle Aufgaben und suche dann die Farben! Beginne beim Pfeil!

Lösungszahlen und Farben:

gelb: 2, 7

grün: 3, 8

rot: 4, 9

orange: 5

blau: 6

Der Schmetterling

Gemischte Aufgaben zu allen Einmaleinsreihen

$\square = 7 \cdot 6$

$5 \cdot 4 =$

$12 : 6 =$

$\square \cdot 4 = 20$

$35 : 7 =$

$49 : 7 =$

$\square = 6 \cdot 4$

$9 \cdot 6 =$

$\square = 9 \cdot 2$

$25 : 5 =$

$\square = 6 \cdot 3$

$\square \cdot 3 = 21$

$8 \cdot 9 =$

$11 \cdot 9 =$

$64 : 8 =$

$4 \cdot 8 =$

$\square = 7 \cdot 6$

$\square = 5 \cdot 4$

$\square \cdot 9 = 72$

$6 \cdot 7 =$

$2 \cdot 9 =$

$6 \cdot 8 =$

$36 : 9 =$

$4 \cdot 6 =$

$\square \cdot 8 = 32$

Rechne erst alle Aufgaben und suche dann die Farben! Beginne beim Pfeil!

Lösungszahlen und Farben:

blau: 18, 20, 21

rot: 2, 4, 5

gelb: 24, 32, 42

grün: 6, 7, 8

braun: 54, 72, 99

Der Radfahrer

Malaufgaben zu allen Einmaleinsreihen

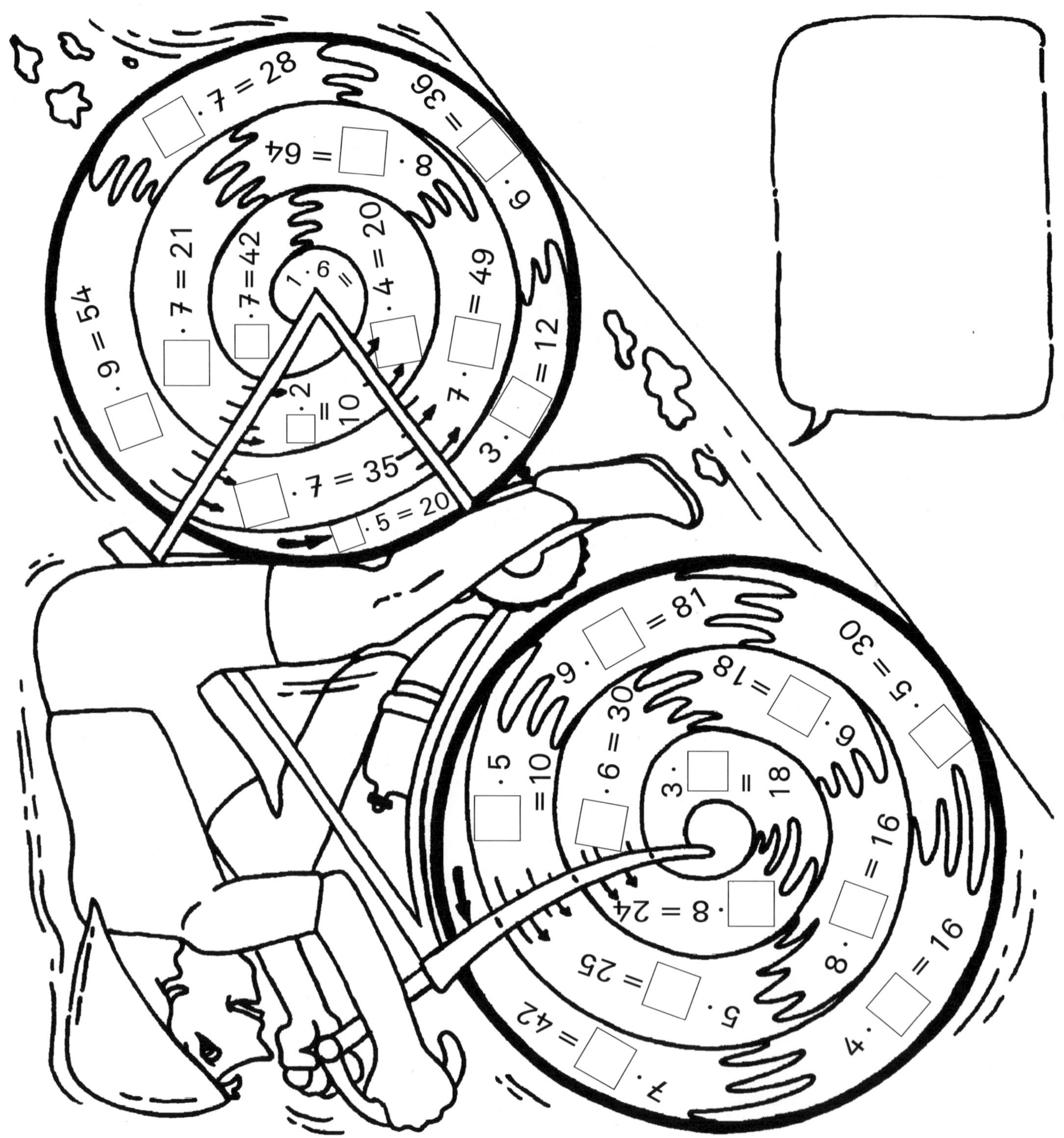

Rechne erst alle Aufgaben und suche dann die Farben! Beginne beim Pfeil!

Lösungszahlen und Farben:

hellgrün: 2, 7

dunkelgrün: 3, 8

hellblau: 4, 9

dunkelblau: 5

gelb: 6

Der Pfau

Gemischte Aufgaben zu allen Einmaleinsreihen

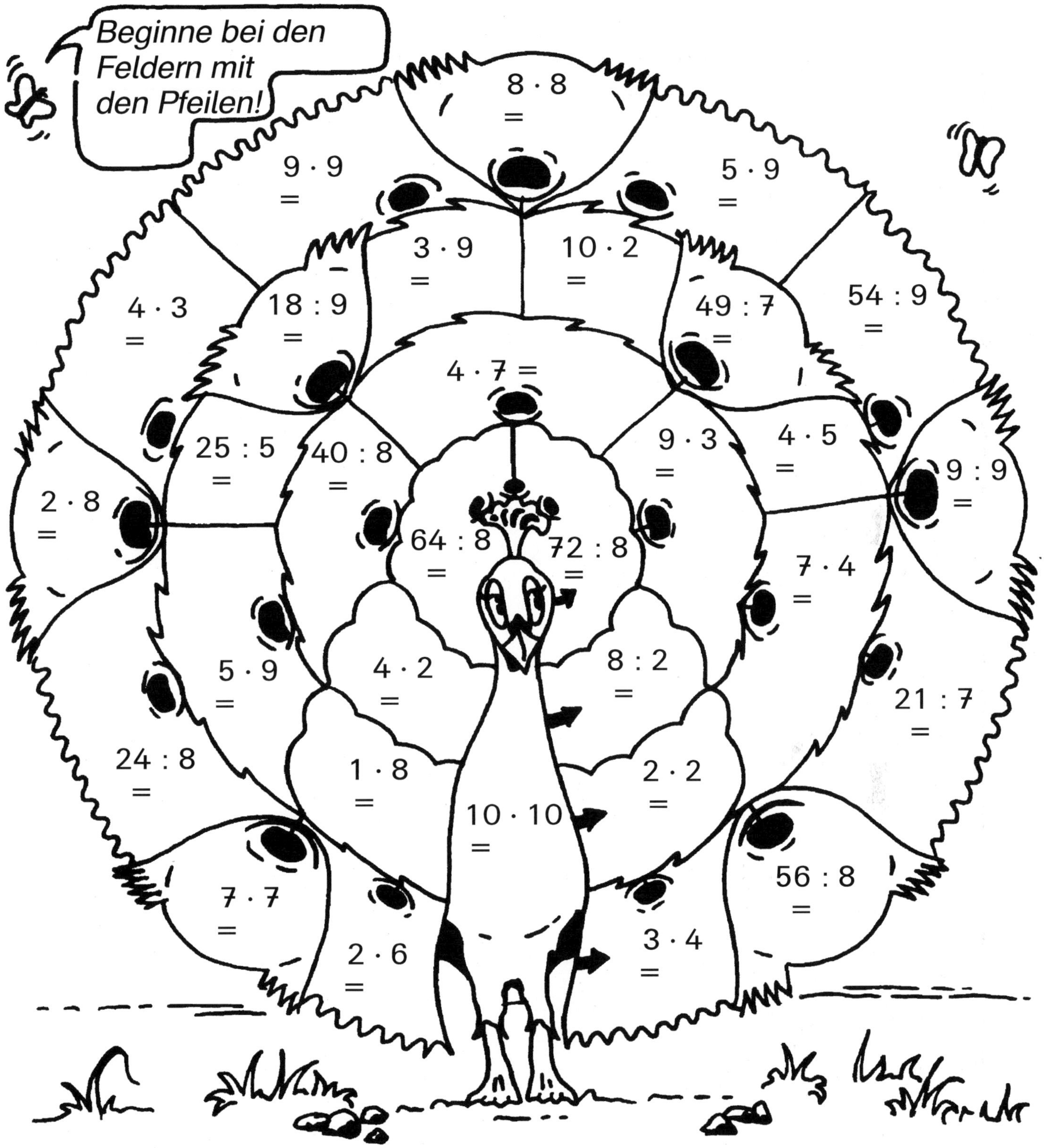

Beginne bei den Feldern mit den Pfeilen!

8 · 8 =

9 · 9 =

5 · 9 =

3 · 9 =

10 · 2 =

4 · 3 =

18 : 9 =

49 : 7 =

54 : 9 =

4 · 7 =

25 : 5 =

40 : 8 =

9 · 3 =

4 · 5 =

2 · 8 =

9 : 9 =

64 : 8 =

72 : 8 =

7 · 4 =

5 · 9 =

4 · 2 =

8 : 2 =

21 : 7 =

24 : 8 =

1 · 8 =

2 · 2 =

10 · 10 =

56 : 8 =

7 · 7 =

2 · 6 =

3 · 4 =

Rechne erst alle Aufgaben und suche dann die Farben! Beginne immer bei den Pfeilen!

Lösungszahlen und Farben:

gelb: 49, 64, 81

orange: 2, 7, 16

rot: 5, 20, 27

hellblau: 1, 28, 45

dunkelblau: 100

dunkelgrün: 3, 6, 12

hellgrün: 4, 8, 9

Die Erde

Einfache Additionsaufgaben im Zahlenraum von 1–1000

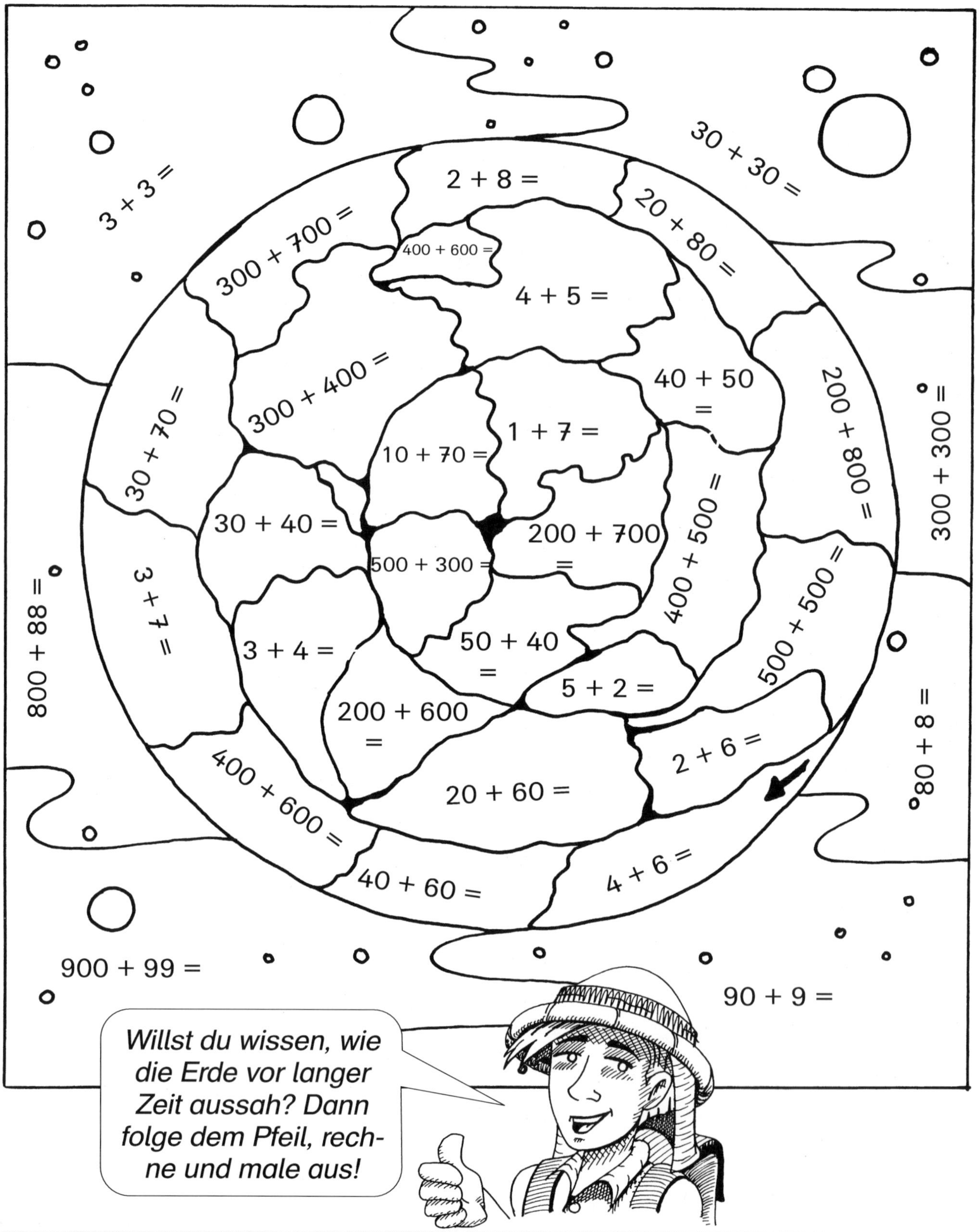

30 + 30 =

3 + 3 =

2 + 8 =

300 + 700 =

400 + 600 =

20 + 80 =

4 + 5 =

40 + 50 =

300 + 400 =

200 + 800 =

300 + 300 =

30 + 70 =

1 + 7 =

10 + 70 =

400 + 500 =

30 + 40 =

200 + 700 =

500 + 300 =

800 + 88 =

3 + 7 =

500 + 500 =

3 + 4 =

50 + 40 =

5 + 2 =

200 + 600 =

80 + 8 =

2 + 6 =

400 + 600 =

20 + 60 =

40 + 60 =

4 + 6 =

900 + 99 =

90 + 9 =

Willst du wissen, wie die Erde vor langer Zeit aussah? Dann folge dem Pfeil, rechne und male aus!

Rechne erst alle Aufgaben und suche dann die Farben! Beginne beim Pfeil!

Lösungszahlen und Farben:

gelb:
8, 9, 90, 800

hellblau:
1000

dunkelblau:
10, 100, 900

hellbraun:
7, 70

dunkelbraun:
80, 700

grau:
88, 888

schwarz:
6, 60, 99, 600, 999

Die Muscheln

Einfache Subtraktionsaufgaben im Zahlenraum von 1000–1

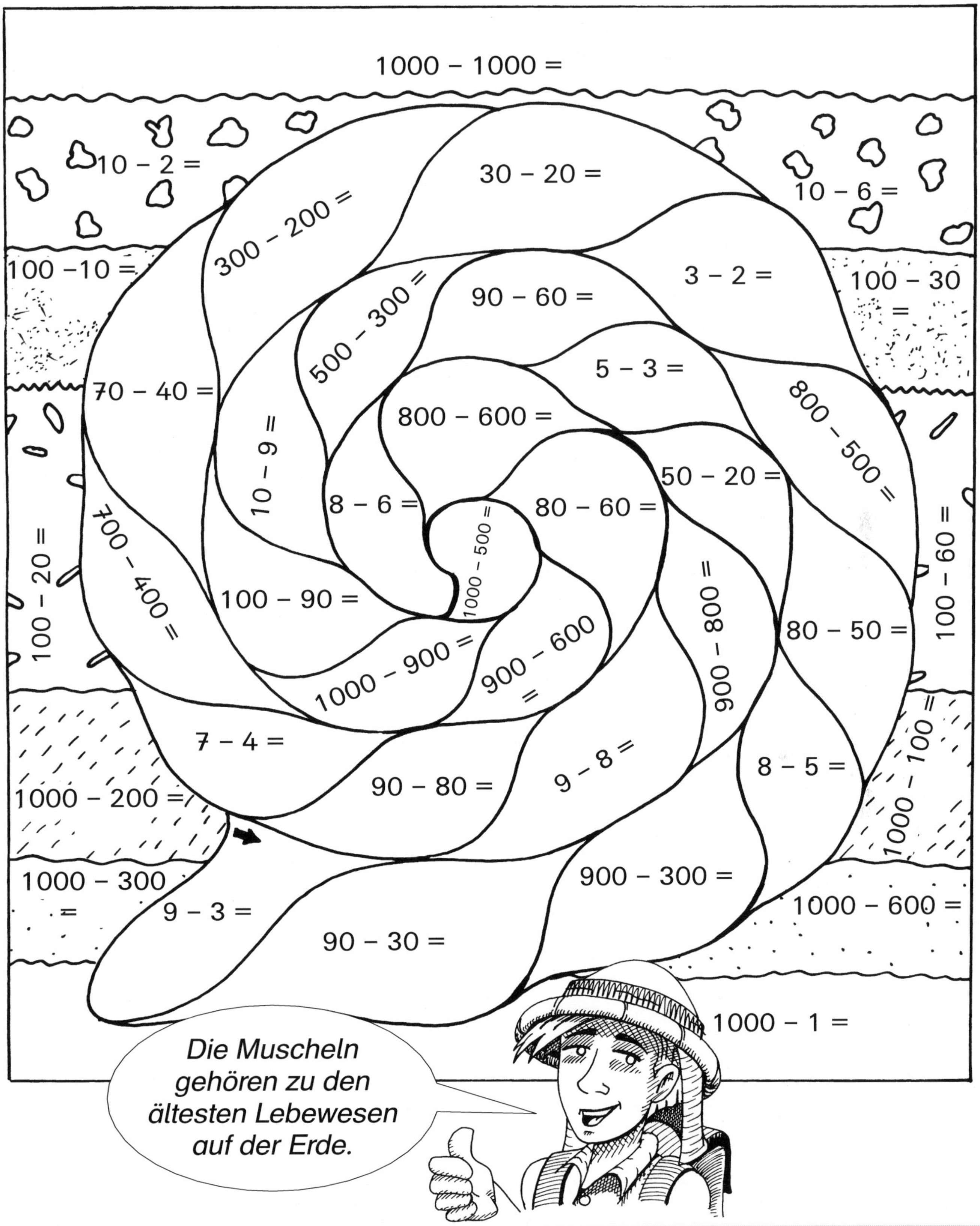

1000 – 1000 =

10 – 2 =

30 – 20 =

10 – 6 =

300 – 200 =

100 – 10 =

3 – 2 =

100 – 30 =

500 – 300 =

90 – 60 =

5 – 3 =

70 – 40 =

800 – 600 =

800 – 500 =

10 – 9 =

50 – 20 =

8 – 6 =

80 – 60 =

1000 – 500 =

100 – 20 =

700 – 400 =

100 – 60 =

100 – 90 =

900 – 800 =

80 – 50 =

1000 – 900 =

900 – 600 =

7 – 4 =

9 – 8 =

1000 – 100 =

1000 – 200 =

90 – 80 =

8 – 5 =

1000 – 300 =

9 – 3 =

900 – 300 =

1000 – 600 =

90 – 30 =

1000 – 1 =

Die Muscheln gehören zu den ältesten Lebewesen auf der Erde.

Rechne erst alle Aufgaben und suche dann die Farben! Beginne beim Pfeil!

Lösungszahlen und Farben:

gelb: 10, 20, 30, 60

orange: 100, 200, 300, 600

rot: 1, 2, 3

hellgrün: 70, 90

dunkelgrün: 4, 8, 40, 80

hellbraun: 0, 999

dunkelbraun: 400, 700, 800, 900

schwarz: 6, 500

Die Quallen

Additionsaufgaben, Ergänzungen mit Zehnerzahlen zum nächsten Hunderter

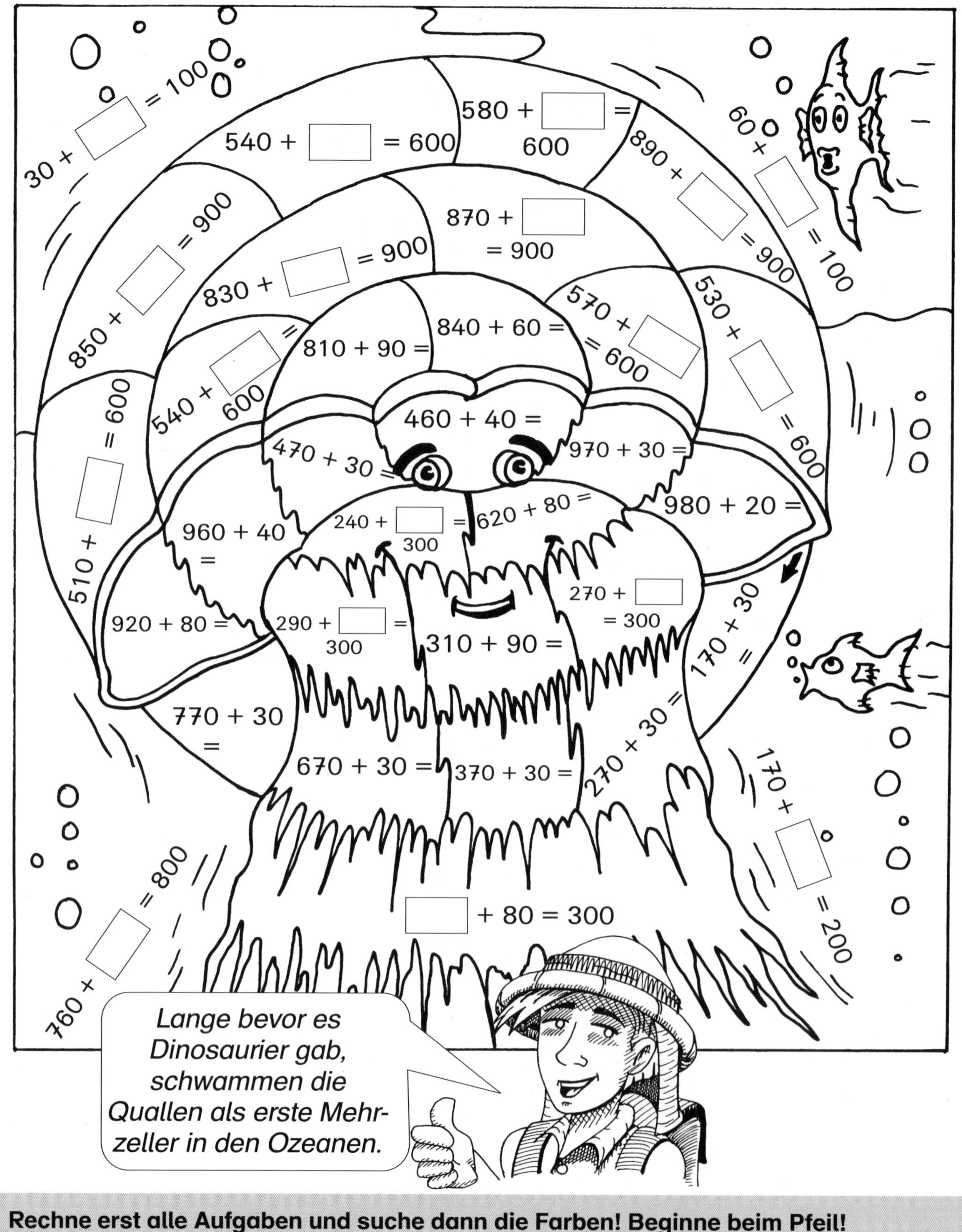

30 + ☐ = 100

540 + ☐ = 600

580 + ☐ = 600

890 + ☐ = 900

60 + ☐ = 100

850 + ☐ = 900

830 + ☐ = 900

870 + ☐ = 900

840 + 60 =

810 + 90 =

570 + ☐ = 600

530 + ☐ = 600

540 + ☐ = 600

510 + ☐ = 600

460 + 40 =

470 + 30 =

970 + 30 =

980 + 20 =

240 + ☐ = 300

620 + 80 =

960 + 40 =

270 + ☐ = 300

920 + 80 =

290 + ☐ = 300

310 + 90 =

170 + 30 =

770 + 30 =

670 + 30 =

370 + 30 =

270 + 30 =

170 + ☐ = 200

760 + ☐ = 800

☐ + 80 = 300

Lange bevor es Dinosaurier gab, schwammen die Quallen als erste Mehrzeller in den Ozeanen.

Rechne erst alle Aufgaben und suche dann die Farben! Beginne beim Pfeil!

Lösungszahlen und Farben:

gelb: 400, 700
orange: 10, 50, 220, 300
hellblau: 20, 60, 90
dunkelblau: 30, 40, 70, 200, 800
braun: 500
grau: 900
schwarz: 1000

Die Kopffüßler

Subtraktionsaufgaben mit ganzen Zehnern zum Hunderter

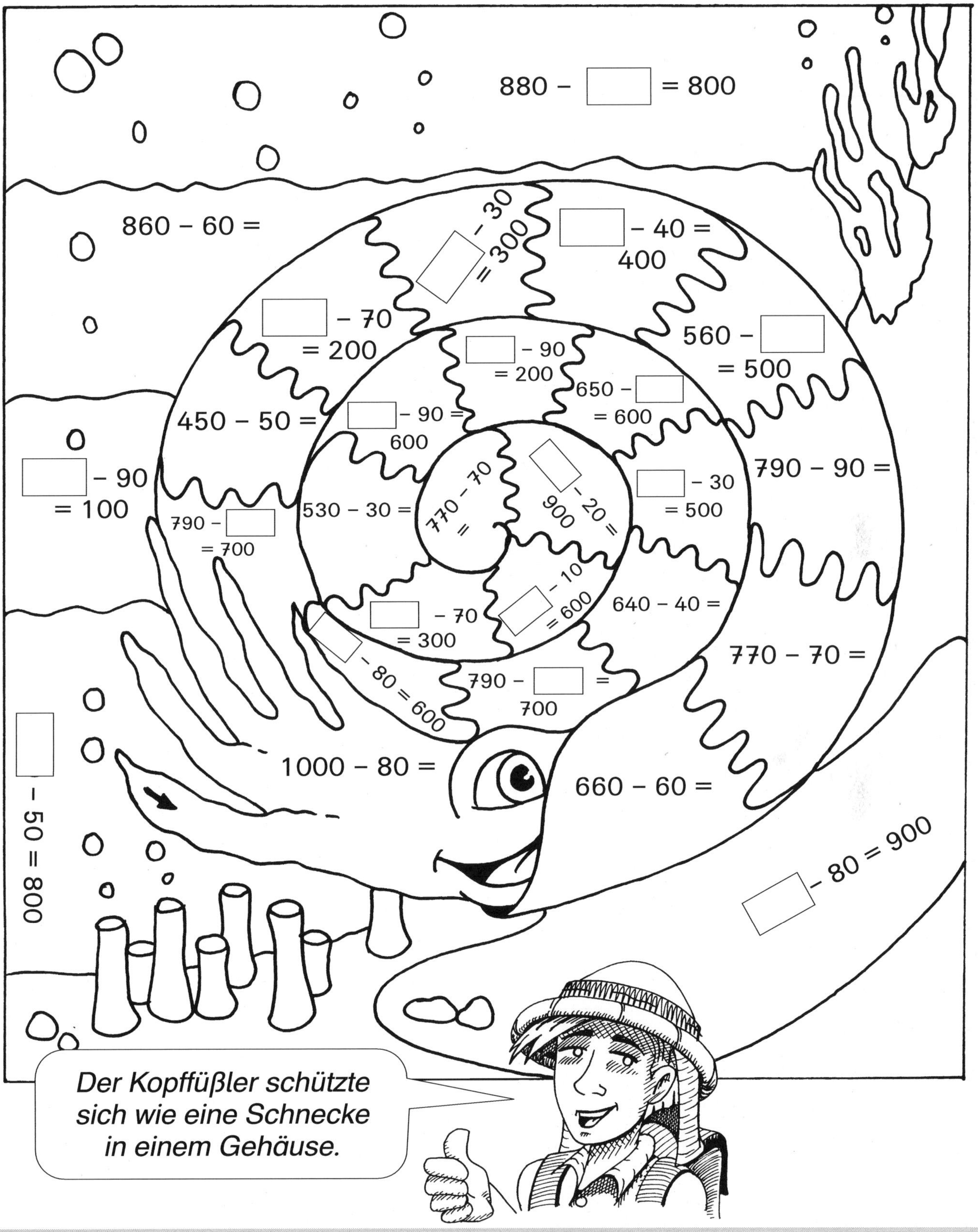

880 − ☐ = 800

860 − 60 =

☐ − 30 = 300

☐ − 40 = 400

☐ − 70 = 200

560 − ☐ = 500

☐ − 90 = 200

650 − ☐ = 600

450 − 50 =

☐ − 90 = 600

☐ − 90 = 100

790 − 90 =

☐ − 30 = 500

530 − 30 =

770 − 70 =

☐ − 20 = 900

790 − ☐ = 700

640 − 40 =

☐ − 10 = 600

☐ − 70 = 300

770 − 70 =

☐ − 80 = 600

790 − ☐ = 700

1000 − 80 =

660 − 60 =

☐ − 50 = 800

☐ − 80 = 900

Der Kopffüßler schützte sich wie eine Schnecke in einem Gehäuse.

Rechne erst alle Aufgaben und suche dann die Farben! Beginne beim Pfeil!

Lösungszahlen und Farben:

gelb: 50, 600, 610, 680, 690
orange: 90, 400, 440, 700
rot: 60, 270, 290, 500, 530
hellblau: 190
dunkelblau: 80, 800, 850
hellbraun: 330, 370, 920
dunkelbraun: 980

Der Dimetrodon

Additionsaufgaben mit Zehnerzahlen und Überschreitung des Hunderters

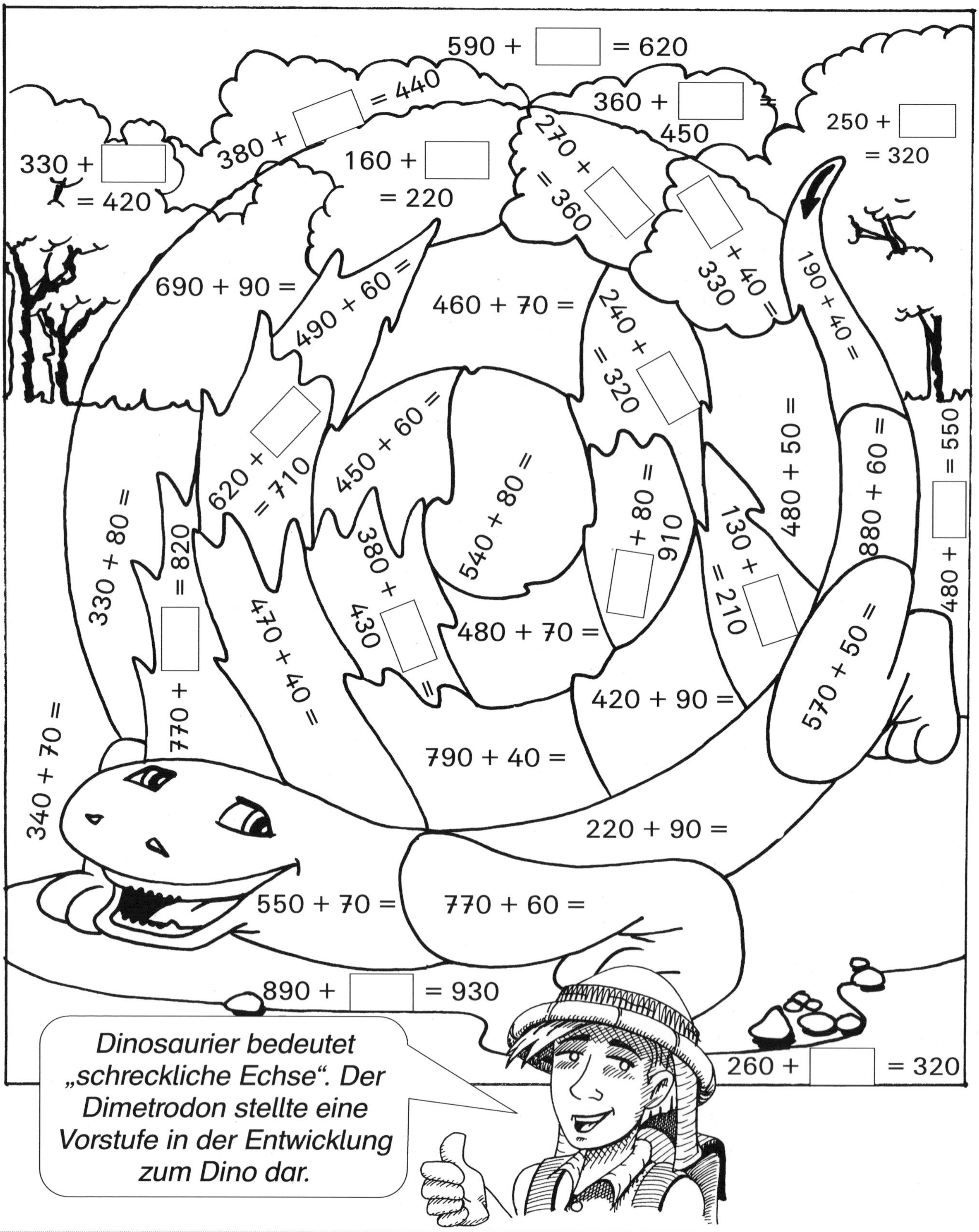

590 + ☐ = 620

380 + ☐ = 440

360 + ☐ = 450

250 + ☐ = 320

330 + ☐ = 420

160 + ☐ = 220

270 + ☐ = 360

☐ + 40 = 330

690 + 90 =

490 + 60 =

460 + 70 =

240 + ☐ = 320

190 + 40 =

620 + ☐ = 710

450 + 60 =

540 + 80 =

☐ + 80 = 910

130 + ☐ = 210

480 + 50 =

880 + 60 =

480 + ☐ = 550

330 + 80 =

770 + ☐ = 820

470 + 40 =

380 + ☐ = 430

480 + 70 =

420 + 90 =

570 + 50 =

340 + 70 =

790 + 40 =

220 + 90 =

550 + 70 =

770 + 60 =

890 + ☐ = 930

260 + ☐ = 320

Dinosaurier bedeutet „schreckliche Echse". Der Dimetrodon stellte eine Vorstufe in der Entwicklung zum Dino dar.

Rechne erst alle Aufgaben und suche dann die Farben! Beginne beim Pfeil!

Lösungszahlen und Farben:

gelb: 510, 530, 550
orange: 230, 620, 830
hellgrün: 90, 290, 780
dunkelgrün: 60, 70, 410
blau: 30
hellbraun: 50, 80
dunkelbraun: 310, 940
schwarz: 40

Der Archäopteryx

Subtraktionsaufgaben mit Zehnerzahlen mit Unterschreitung des Hunderters

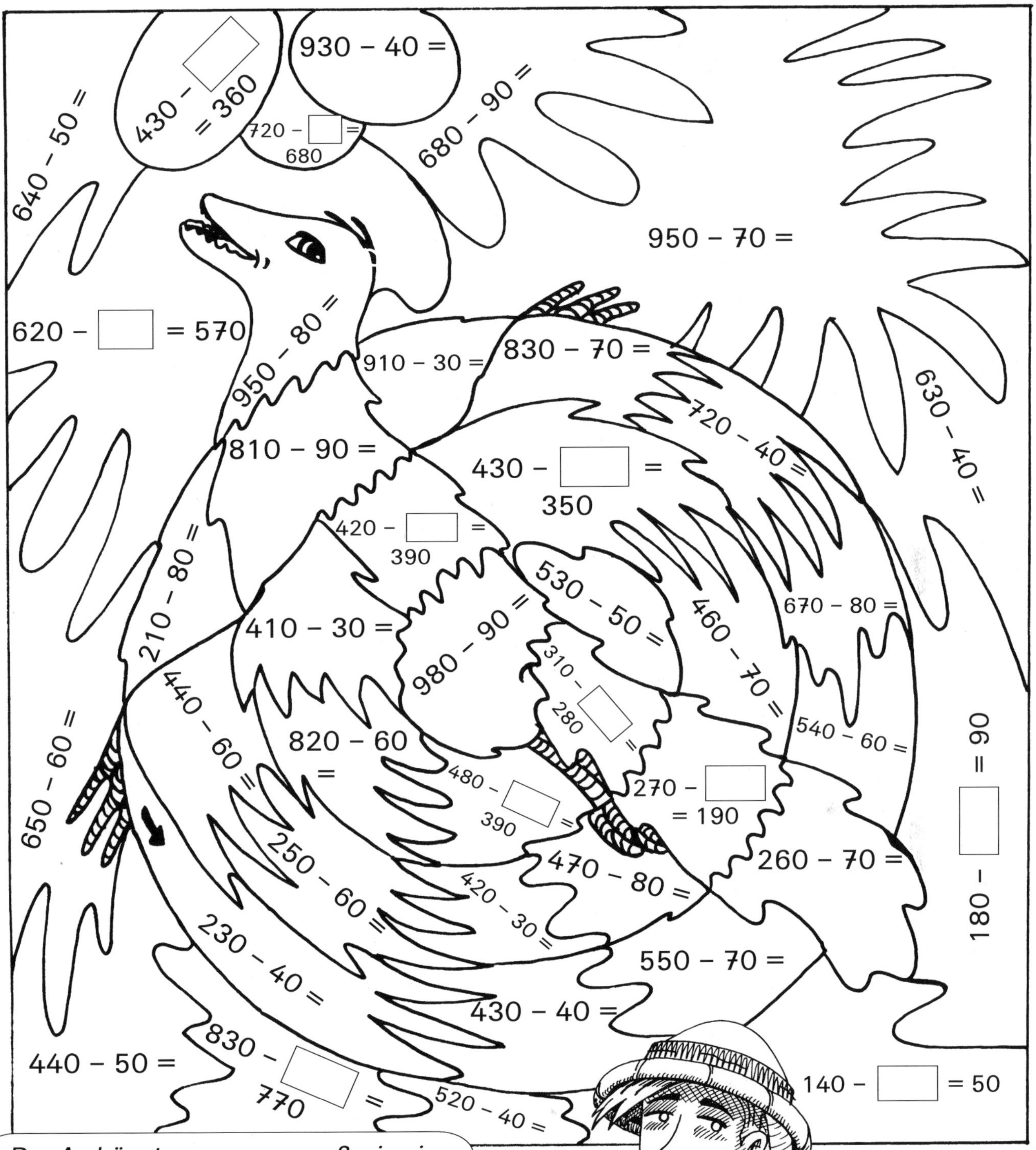

430 – ☐ = 360
930 – 40 =
640 – 50 =
720 – ☐ = 680
680 – 90 =
950 – 70 =
620 – ☐ = 570
950 – 80 =
910 – 30 =
830 – 70 =
630 – 40 =
720 – 40 =
810 – 90 =
430 – ☐ = 350
420 – ☐ = 390
210 – 80 =
530 – 50 =
460 – 70 =
670 – 80 =
410 – 30 =
980 – 90 =
310 – ☐ = 280
540 – 60 =
180 – ☐ = 90
650 – 60 =
440 – 60 =
820 – 60 =
480 – ☐ = 390
270 – ☐ = 190
250 – 60 =
470 – 80 =
260 – 70 =
420 – 30 =
230 – 40 =
550 – 70 =
430 – 40 =
440 – 50 =
830 – ☐ = 770
520 – 40 =
140 – ☐ = 50

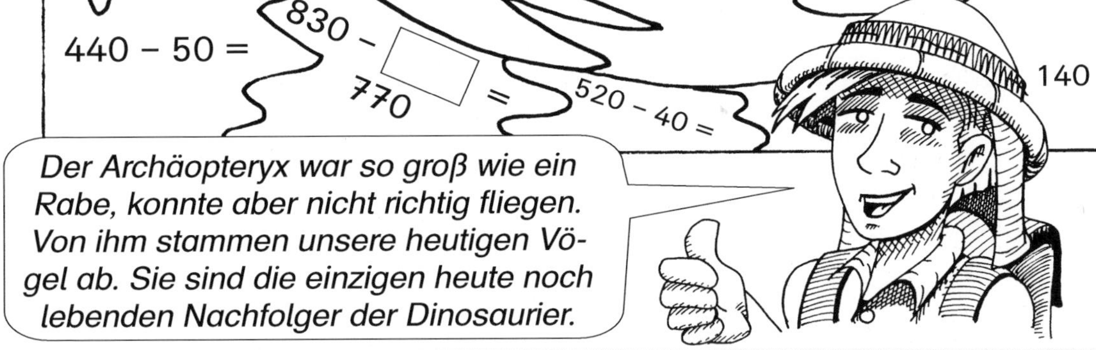

Der Archäopteryx war so groß wie ein Rabe, konnte aber nicht richtig fliegen. Von ihm stammen unsere heutigen Vögel ab. Sie sind die einzigen heute noch lebenden Nachfolger der Dinosaurier.

N. und R. Seeger: 70 Rechenmandalas – Magisch, tierisch, motivierend

Rechne erst alle Aufgaben und suche dann die Farben! Beginne beim Pfeil!

Lösungszahlen und Farben:

gelb:
90, 390, 480
orange:
30, 870
hellgrün:
50, 130, 880
dunkelgrün:
590

hellblau:
80, 380, 760
dunkelblau:
190, 680
hellbraun:
720, 890
dunkelbraun:
40, 60, 70

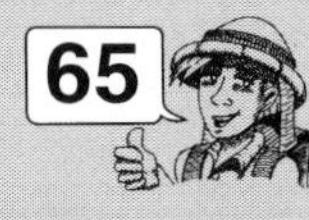

Der Stegosaurus

Additionsaufgaben mit Einerzahlen innerhalb der Hunderter

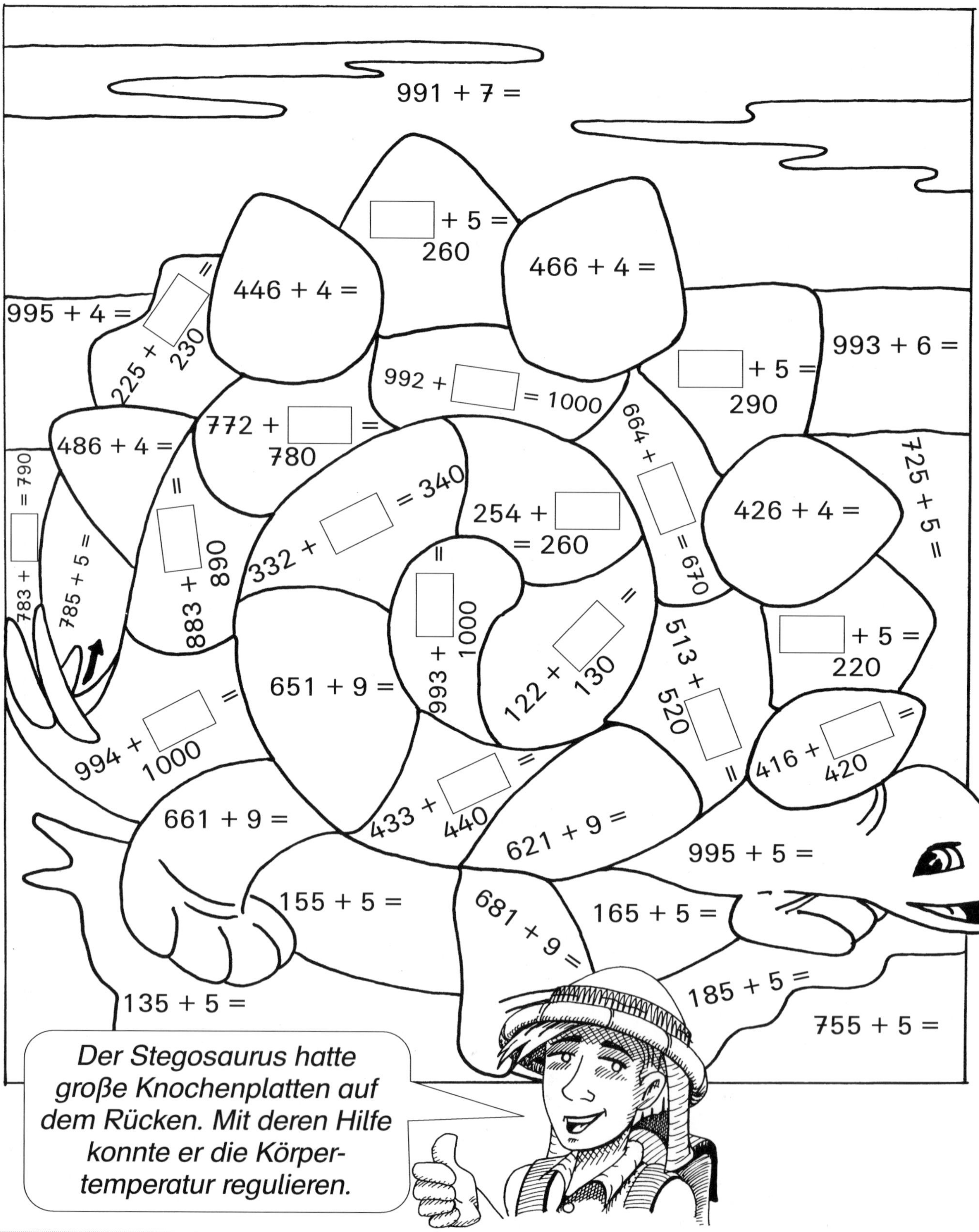

991 + 7 =

□ + 5 = 260

446 + 4 =

466 + 4 =

995 + 4 =

225 + □ = 230

992 + □ = 1000

□ + 5 = 290

993 + 6 =

486 + 4 =

772 + □ = 780

332 + □ = 340

254 + □ = 260

664 + □ = 670

426 + 4 =

725 + 5 =

783 + □ = 790

785 + 5 =

883 + □ = 890

993 + □ = 1000

122 + □ = 130

513 + □ = 520

□ + 5 = 220

651 + 9 =

994 + □ = 1000

416 + □ = 420

433 + □ = 440

661 + 9 =

621 + 9 =

995 + 5 =

155 + 5 =

681 + 9 =

165 + 5 =

185 + 5 =

135 + 5 =

755 + 5 =

Der Stegosaurus hatte große Knochenplatten auf dem Rücken. Mit deren Hilfe konnte er die Körpertemperatur regulieren.

Rechne erst alle Aufgaben und suche dann die Farben! Beginne beim Pfeil!

Lösungszahlen und Farben:

orange:
4, 430, 450, 470, 490

rot:
5, 215, 255, 285

grün:
730, 760, 790

hellblau:
998

dunkelblau:
999

hellbraun:
6, 7, 8, 1000

dunkelbraun:
630, 660, 670, 690

schwarz:
140, 160, 170, 190

Der Brachiosaurus

Subtraktionsaufgaben mit Einerzahlen innerhalb der Hunderter

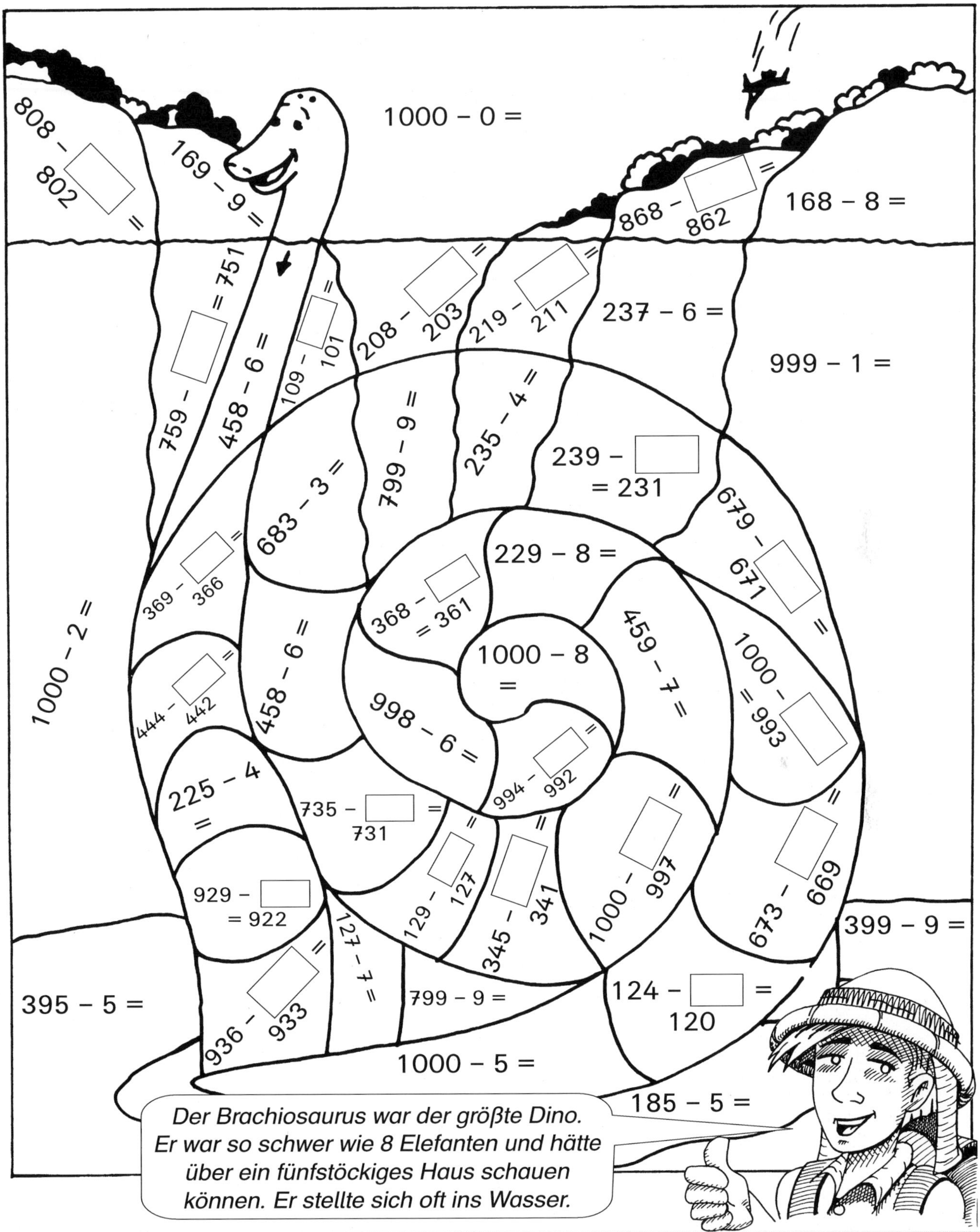

808 – ☐ = 802

169 – 9 =

1000 – 0 =

868 – ☐ = 862

168 – 8 =

759 – ☐ = 751

458 – 6 =

109 – ☐ = 101

208 – ☐ = 203

219 – ☐ = 211

237 – 6 =

999 – 1 =

799 – 9 =

235 – 4 =

239 – ☐ = 231

683 – 3 =

229 – 8 =

679 – ☐ = 671

1000 – 2 =

369 – ☐ = 366

368 – ☐ = 361

1000 – 8 =

459 – 7 =

444 – ☐ = 442

458 – 6 =

998 – 6 =

1000 – ☐ = 993

225 – 4 =

735 – ☐ = 731

994 – ☐ = 992

929 – ☐ = 922

129 – ☐ = 127

345 – ☐ = 341

1000 – ☐ = 997

673 – ☐ = 669

399 – 9 =

395 – 5 =

936 – ☐ = 933

127 – 7 =

799 – 9 =

124 – ☐ = 120

1000 – 5 =

185 – 5 =

Der Brachiosaurus war der größte Dino. Er war so schwer wie 8 Elefanten und hätte über ein fünfstöckiges Haus schauen können. Er stellte sich oft ins Wasser.

Rechne erst alle Aufgaben und suche dann die Farben! Beginne beim Pfeil!

Lösungszahlen und Farben:

lila:
5, 390, 790, 1000

grün:
8, 231, 680, 998

hellblau:
2, 4, 452, 992

dunkelblau:
3, 7, 221, 995

hellbraun:
6, 160

schwarz:
120, 180

Der Tyrannosaurus

Additionsaufgaben mit Zehnerüberschreitung innerhalb der Hunderter

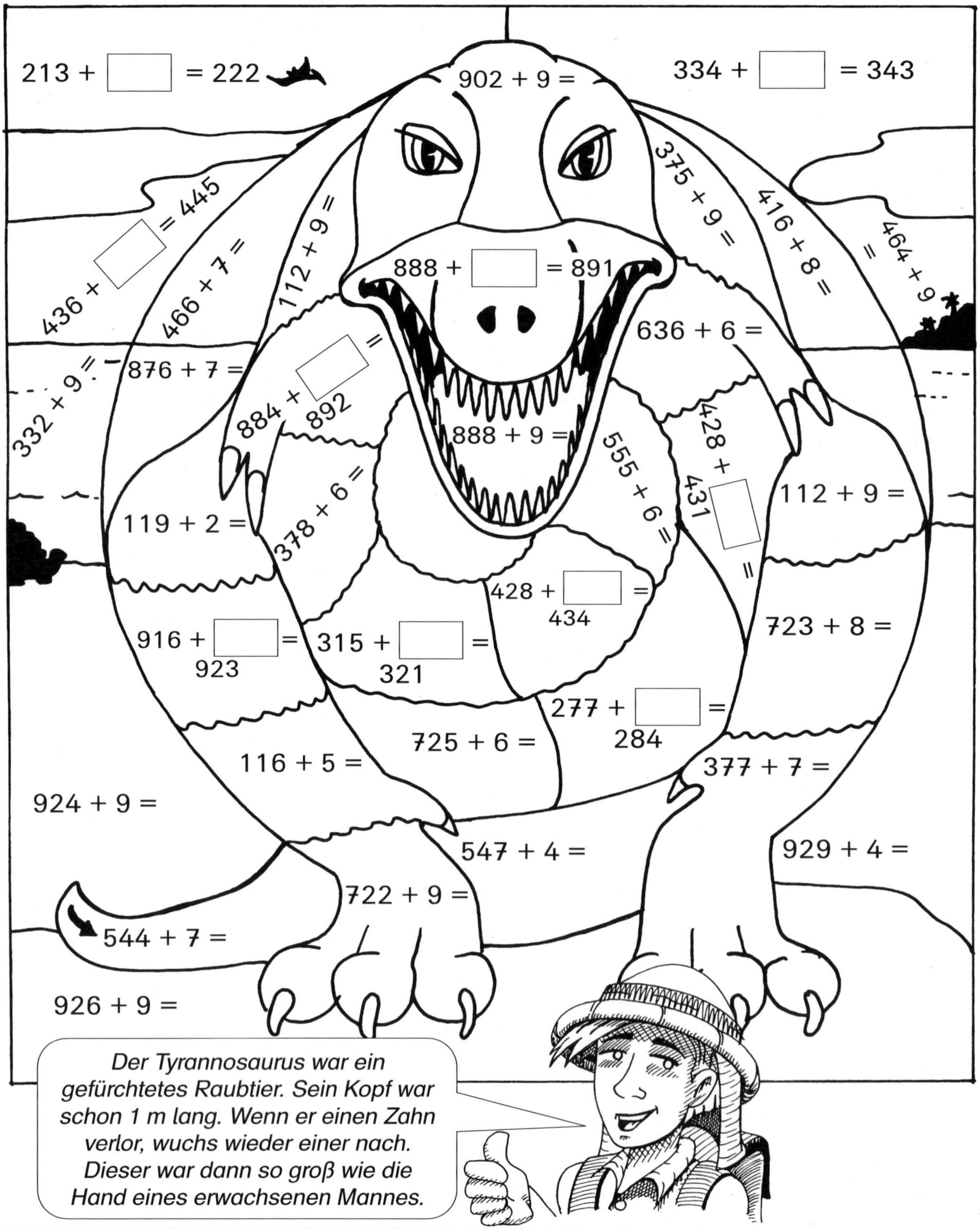

213 + ☐ = 222

902 + 9 =

334 + ☐ = 343

436 + ☐ = 445

466 + 7 =

112 + 9 =

888 + ☐ = 891

375 + 9 =

416 + 8 =

464 + 9 =

332 + 9 =

876 + 7 =

884 + ☐ = 892

636 + 6 =

888 + 9 =

555 + 6 =

428 + ☐ = 431

112 + 9 =

119 + 2 =

378 + 6 =

428 + ☐ = 434

916 + ☐ = 923

315 + ☐ = 321

723 + 8 =

277 + ☐ = 284

725 + 6 =

116 + 5 =

377 + 7 =

924 + 9 =

547 + 4 =

929 + 4 =

722 + 9 =

544 + 7 =

926 + 9 =

Der Tyrannosaurus war ein gefürchtetes Raubtier. Sein Kopf war schon 1 m lang. Wenn er einen Zahn verlor, wuchs wieder einer nach. Dieser war dann so groß wie die Hand eines erwachsenen Mannes.

Rechne erst alle Aufgaben und suche dann die Farben! Beginne beim Pfeil!

Lösungszahlen und Farben:

orange:
3, 121, 384, 911
rot:
897
hellgrün:
933
hellblau:
9, 424, 473

dunkelblau:
341, 883
hellbraun:
7, 8, 561, 642, 731
dunkelbraun:
6, 551
schwarz:
935

Der Ignanodon

Subtraktionsaufgaben mit Zehnerüberschreitung innerhalb der Hunderter

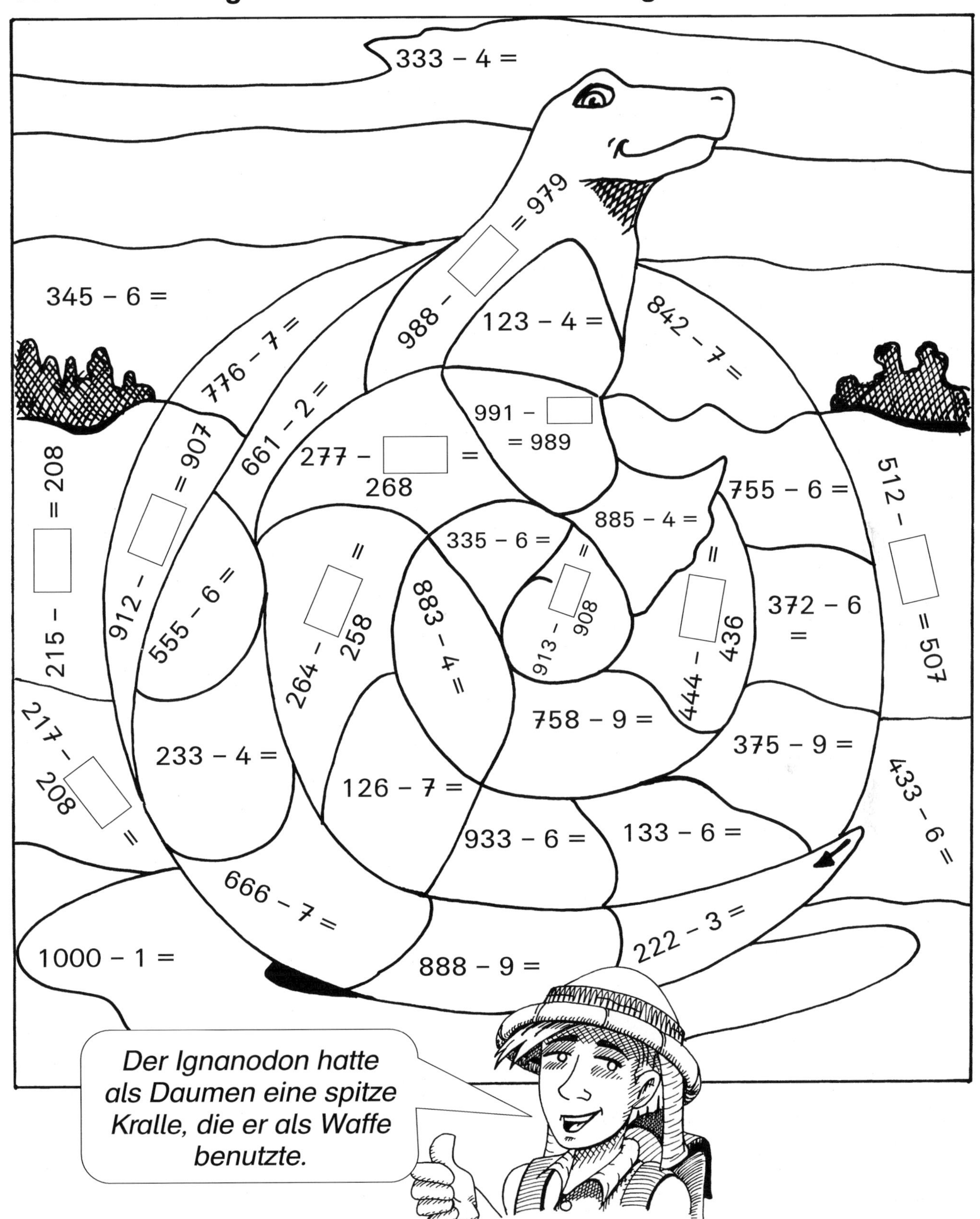

Rechne erst alle Aufgaben und suche dann die Farben! Beginne beim Pfeil!

Lösungszahlen und Farben:

gelb:
5, 7, 8, 366, 749

orange:
127, 427, 927

hellgrün:
9, 229, 549, 659

dunkelgrün:
2, 6, 119, 219, 879, 881

blau:
320, 330, 760, 836

braun:
999

Der Diplodocus

Additionsaufgaben mit Zehner-Einer-Zahlen innerhalb der Hunderter

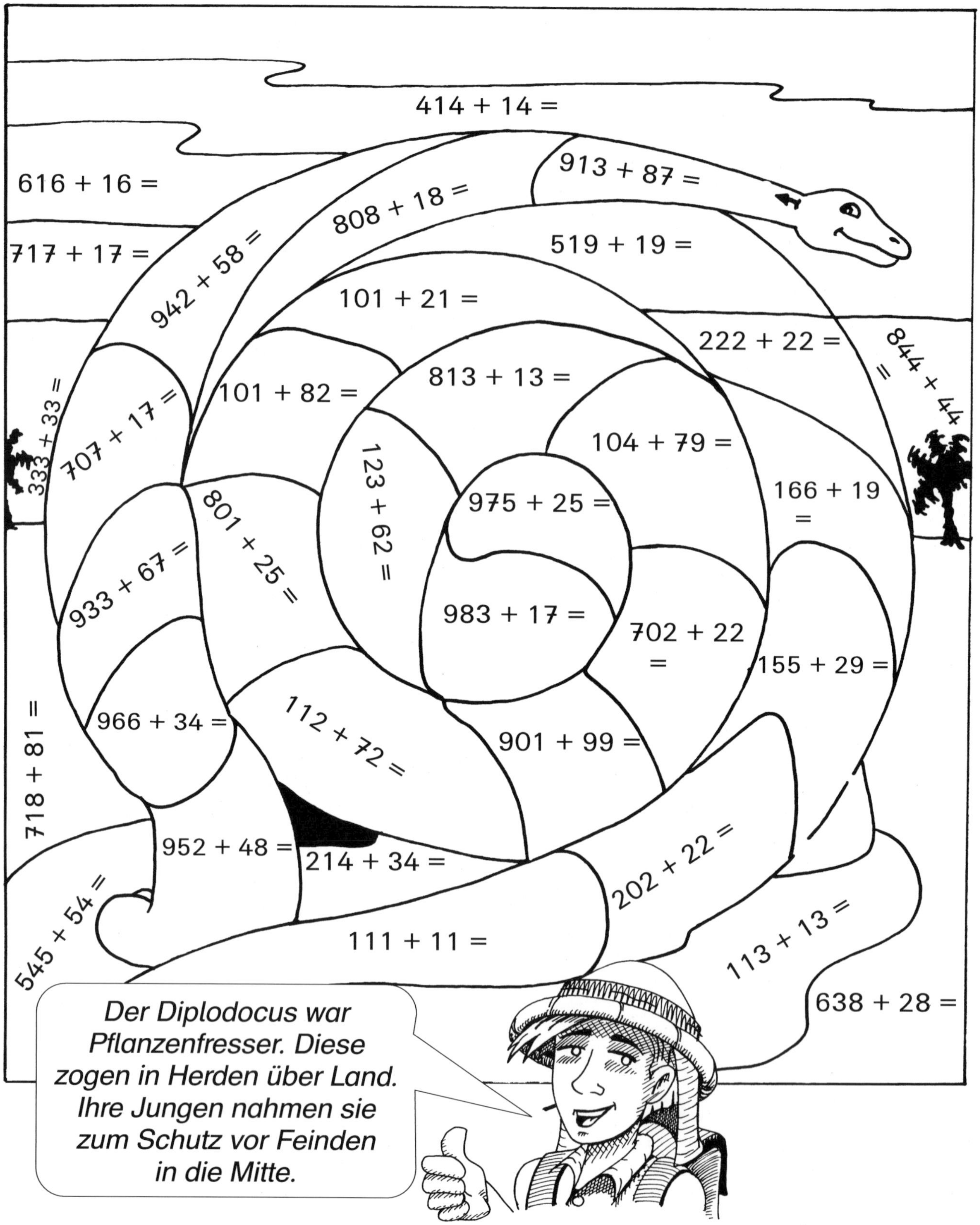

414 + 14 =

913 + 87 =

616 + 16 =

808 + 18 =

717 + 17 =

942 + 58 =

519 + 19 =

101 + 21 =

222 + 22 =

844 + 44 =

333 + 33 =

707 + 17 =

101 + 82 =

813 + 13 =

104 + 79 =

123 + 62 =

975 + 25 =

166 + 19 =

801 + 25 =

933 + 67 =

983 + 17 =

702 + 22 =

155 + 29 =

718 + 81 =

966 + 34 =

112 + 72 =

901 + 99 =

952 + 48 =

214 + 34 =

202 + 22 =

545 + 54 =

111 + 11 =

113 + 13 =

638 + 28 =

Der Diplodocus war Pflanzenfresser. Diese zogen in Herden über Land. Ihre Jungen nahmen sie zum Schutz vor Feinden in die Mitte.

Rechne erst alle Aufgaben und suche dann die Farben! Beginne beim Pfeil!

Lösungszahlen und Farben:

gelb:
428, 538, 632, 734

lila:
1000

hellgrün:
244, 366, 888

dunkelgrün:
666, 799

hellblau:
183, 224, 724, 826

braun:
126, 248, 599

grau:
122, 184, 185

Der Triceratops

Subtraktionsaufgaben mit Zehner-Einer-Zahlen innerhalb der Hunderter

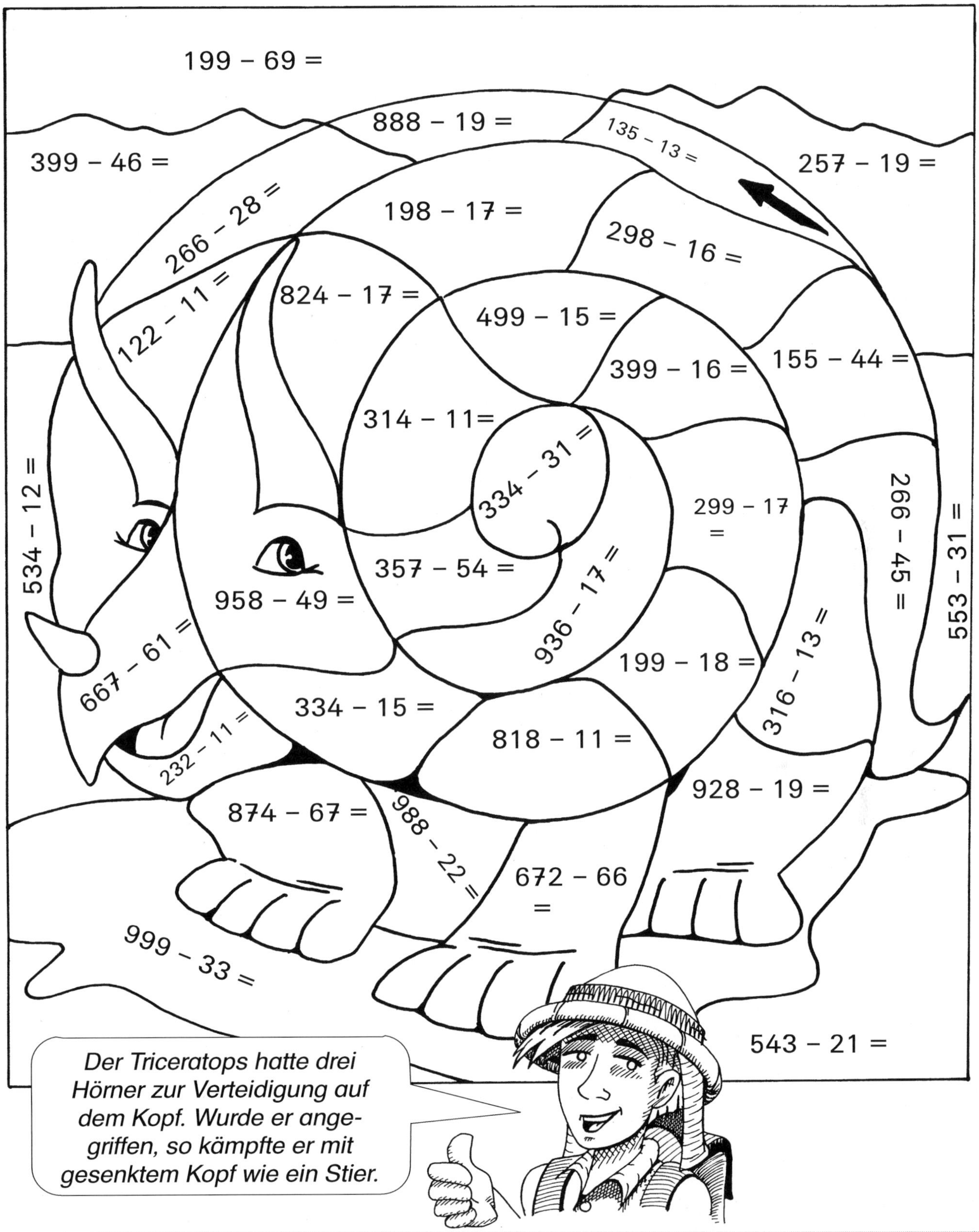

199 – 69 =

888 – 19 =

135 – 13 =

399 – 46 =

257 – 19 =

266 – 28 =

198 – 17 =

298 – 16 =

122 – 11 =

824 – 17 =

499 – 15 =

399 – 16 =

155 – 44 =

314 – 11=

334 – 31 =

534 – 12 =

299 – 17 =

266 – 45 =

553 – 31 =

357 – 54 =

958 – 49 =

936 – 17 =

667 – 61 =

316 – 13 =

199 – 18 =

334 – 15 =

232 – 11 =

818 – 11 =

874 – 67 =

988 – 22 =

928 – 19 =

672 – 66 =

999 – 33 =

543 – 21 =

Der Triceratops hatte drei Hörner zur Verteidigung auf dem Kopf. Wurde er angegriffen, so kämpfte er mit gesenktem Kopf wie ein Stier.

Rechne erst alle Aufgaben und suche dann die Farben! Beginne beim Pfeil!

Lösungszahlen und Farben:

gelb:
522

hellgrün:
111, 221, 310, 610

dunkelgrün:
303, 606, 807, 909

blau:
130, 869

hellbraun:
181, 282, 383, 484

dunkelbraun:
122, 238, 353

schwarz:
966

Der Ankylosaurus

Additionsaufgaben und Ergänzungen mit ganzen Hundertern im Zahlenraum bis 1000

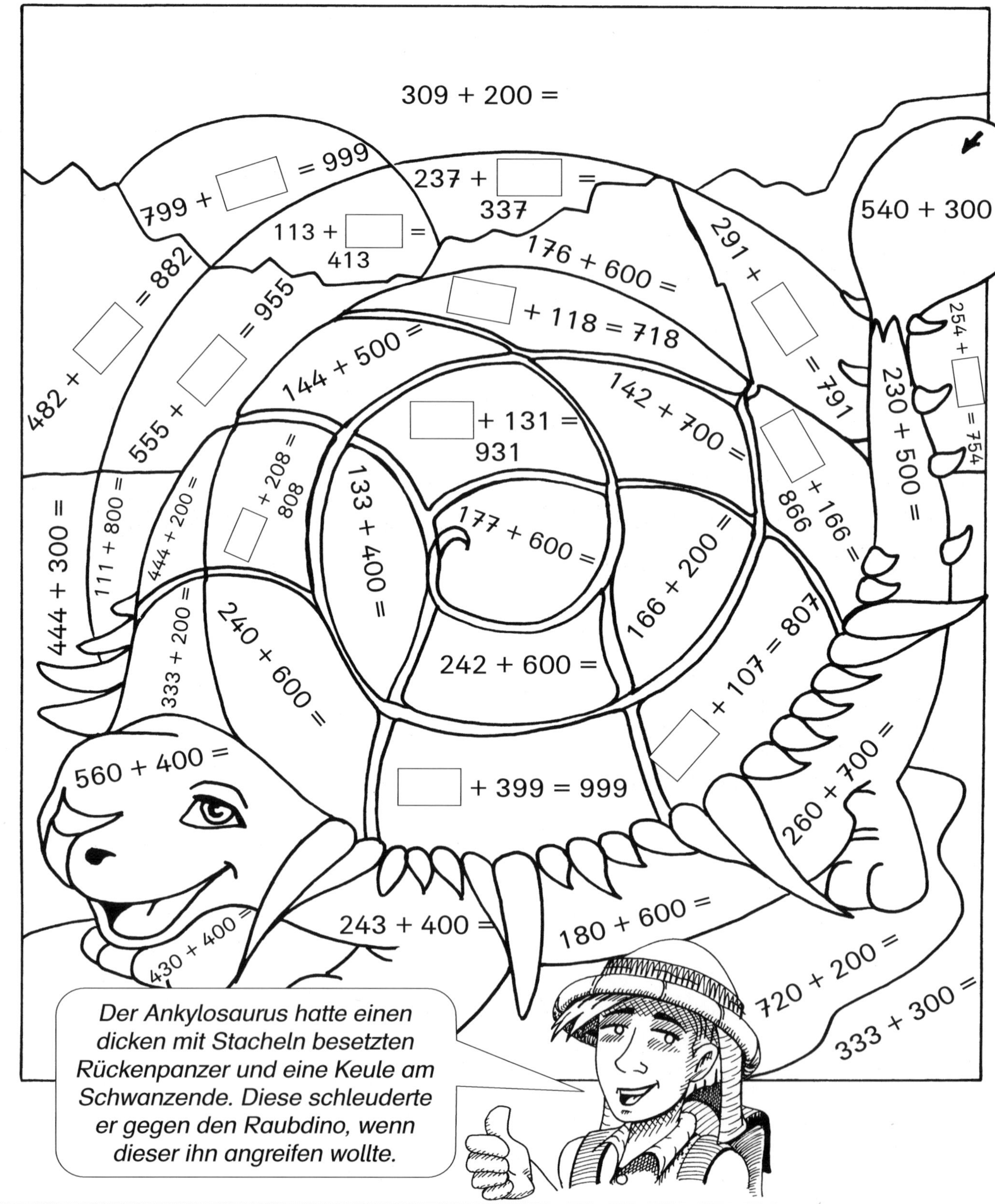

309 + 200 =

799 + ☐ = 999

237 + ☐ = 337

113 + ☐ = 413

540 + 300 =

482 + ☐ = 882

555 + ☐ = 955

176 + 600 =

☐ + 118 = 718

291 + ☐ = 791

254 + ☐ = 754

230 + 500 =

144 + 500 =

142 + 700 =

☐ + 131 = 931

☐ + 166 = 866

444 + 300 =

111 + 800 =

444 + 200 =

☐ + 208 = 808

133 + 400 =

177 + 600 =

166 + 200 =

333 + 200 =

240 + 600 =

242 + 600 =

☐ + 107 = 807

560 + 400 =

☐ + 399 = 999

260 + 700 =

243 + 400 =

180 + 600 =

430 + 400 =

720 + 200 =

333 + 300 =

Der Ankylosaurus hatte einen dicken mit Stacheln besetzten Rückenpanzer und eine Keule am Schwanzende. Diese schleuderte er gegen den Raubdino, wenn dieser ihn angreifen wollte.

Rechne erst alle Aufgaben und suche dann die Farben! Beginne beim Pfeil!

Lösungszahlen und Farben:

gelb:
200, 300

lila:
400, 500, 776

hellgrün:
633, 744, 780, 911

dunkelgrün:
643, 730, 830, 960

hellblau:
100, 509

hellbraun:
600, 644, 777, 842

dunkelbraun:
366, 533, 700, 800, 840

schwarz:
920

Der Tyrannosaurus

Subtraktionsaufgaben und Ergänzungen mit ganzen Hundertern im Zahlenraum bis 1000

999 – 800 =

999 – 300 =

772 – ☐ = 372

825 – 400 =

605 – ☐ = 105

973 – ☐ = 473

471 – 300 =

909 – ☐ = 509

786 – 100 =

654 – ☐ = 454

555 – 400 =

543 – ☐ = 243

543 – ☐ = 343

☐ – 400 = 286

716 – 600 =

929 – ☐ = 229

707 – 200 =

716 – 600 =

909 – 400 =

799 – ☐ = 299

919 – 300 =

508 – 400 =

432 – ☐ = 132

316 – 200 =

398 – 100 =

999 – 600 =

687 – 400 =

707 – 200 =

925 – 500 =

808 – 700 =

999 – 700 =

Hier ist noch mal ein Tyrannosaurus. Er war ein Fleischfresser. Diese liefen meistens auf zwei Beinen, damit sie schneller ihre Beute verfolgen konnten.

Rechne erst alle Aufgaben und suche dann die Farben! Beginne beim Pfeil!

Lösungszahlen und Farben:

gelb:
399, 509, 619

hellgrün:
108, 116, 507, 699

dunkelgrün:
287, 298, 425, 500

hellblau:
199

dunkelblau:
155, 171, 400

braun:
200, 300, 686, 700

schwarz:
299

Der Elasmosaurus

Additionsaufgaben mit Hunderter-Zehner-Zahlen im Zahlenraum bis 1000

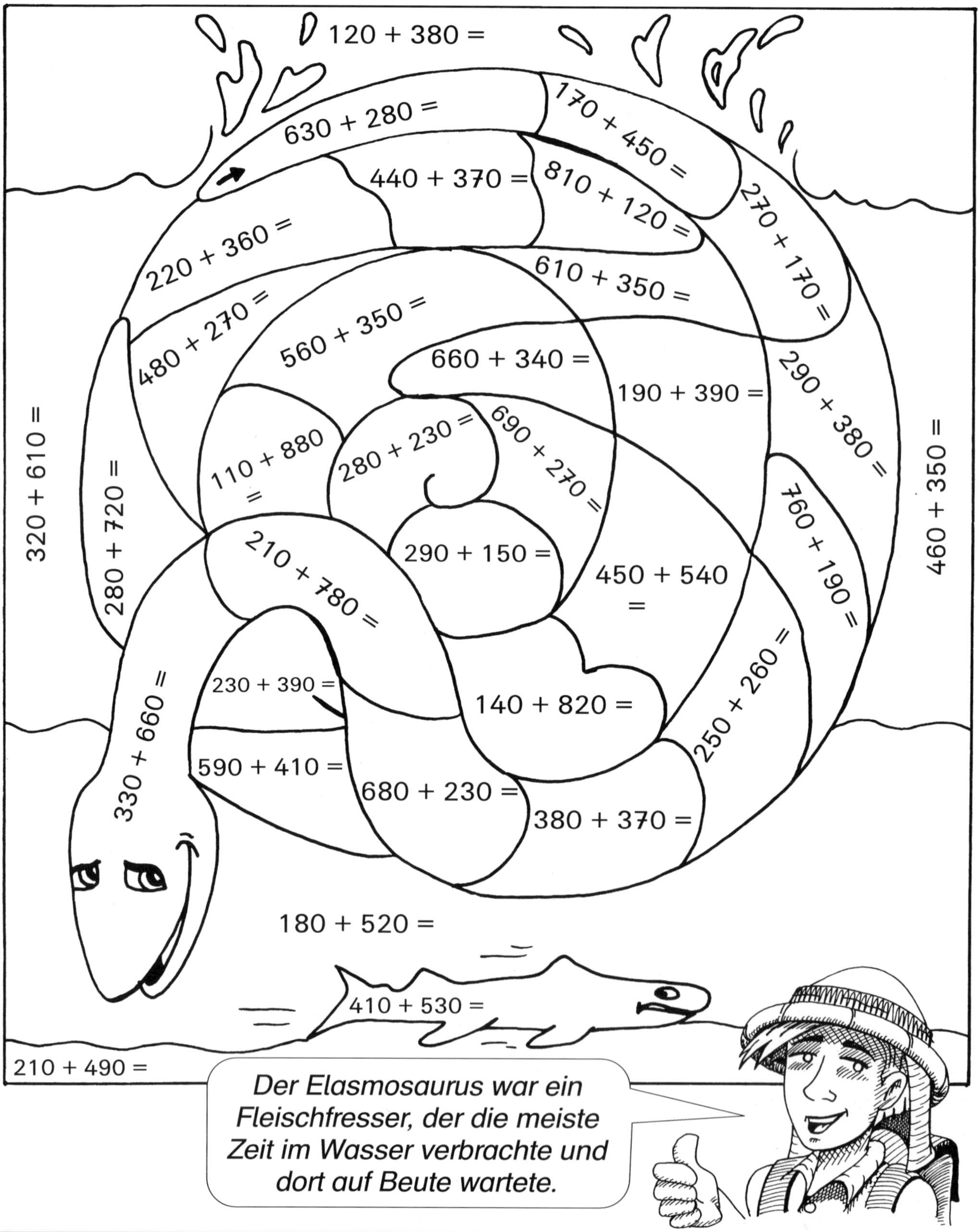

120 + 380 =

630 + 280 =

170 + 450 =

440 + 370 =

810 + 120 =

270 + 170 =

220 + 360 =

610 + 350 =

480 + 270 =

560 + 350 =

660 + 340 =

190 + 390 =

290 + 380 =

320 + 610 =

280 + 720 =

110 + 880 =

280 + 230 =

690 + 270 =

460 + 350 =

760 + 190 =

210 + 780 =

290 + 150 =

450 + 540 =

330 + 660 =

230 + 390 =

140 + 820 =

250 + 260 =

590 + 410 =

680 + 230 =

380 + 370 =

180 + 520 =

410 + 530 =

210 + 490 =

Der Elasmosaurus war ein Fleischfresser, der die meiste Zeit im Wasser verbrachte und dort auf Beute wartete.

Rechne erst alle Aufgaben und suche dann die Farben! Beginne beim Pfeil!

Lösungszahlen und Farben:

gelb:
440, 510, 910

orange:
620, 750, 960, 990

rot:
940, 950, 1000

hellgrün:
500

hellblau:
580, 670, 810, 930

dunkelblau:
700

Das Pteranodon

Subtraktionsaufgaben mit Hunderter-Zehner-Zahlen im Zahlenraum bis 1000

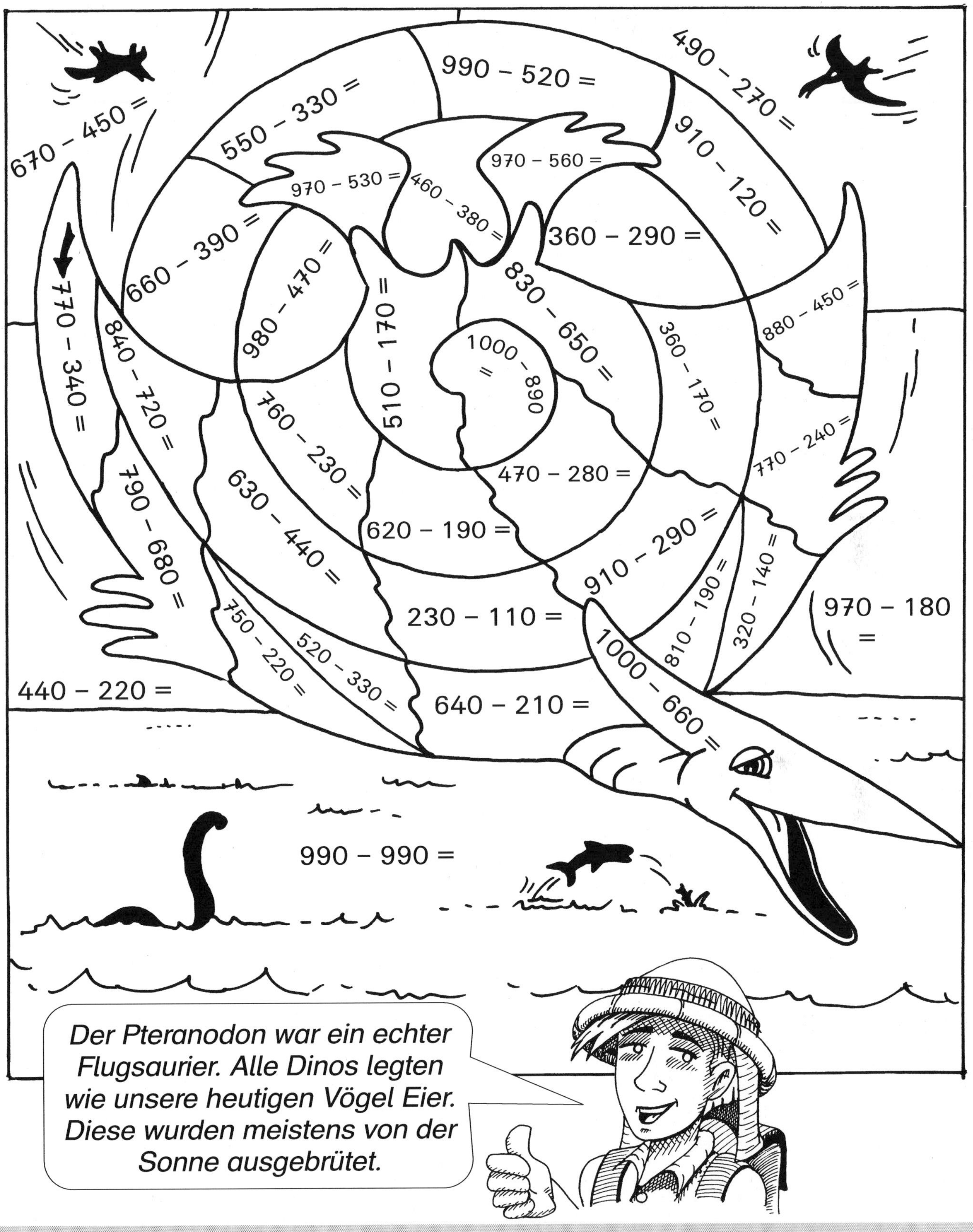

670 – 450 =
550 – 330 =
990 – 520 =
490 – 270 =
910 – 120 =
970 – 560 =
970 – 530 =
460 – 380 =
360 – 290 =
660 – 390 =
980 – 470 =
510 – 170 =
830 – 650 =
880 – 450 =
770 – 340 =
840 – 720 =
1000 – 890 =
360 – 170 =
760 – 230 =
470 – 280 =
770 – 240 =
790 – 680 =
630 – 440 =
620 – 190 =
910 – 290 =
320 – 140 =
810 – 190 =
970 – 180 =
750 – 220 =
520 – 330 =
230 – 110 =
1000 – 660 =
440 – 220 =
640 – 210 =
990 – 990 =

Der Pteranodon war ein echter Flugsaurier. Alle Dinos legten wie unsere heutigen Vögel Eier. Diese wurden meistens von der Sonne ausgebrütet.

Rechne erst alle Aufgaben und suche dann die Farben! Beginne beim Pfeil!

Lösungszahlen und Farben:

gelb: 70, 80, 510
orange: 220, 270, 470, 790
lila: 120, 190, 430, 620
blau: 0
braun: 110, 180, 340, 530
schwarz: 410, 440

Das Uintatherium

Additionsaufgaben mit Hunderter-Zehner-Einer-Zahlen im Zahlenraum bis 1000

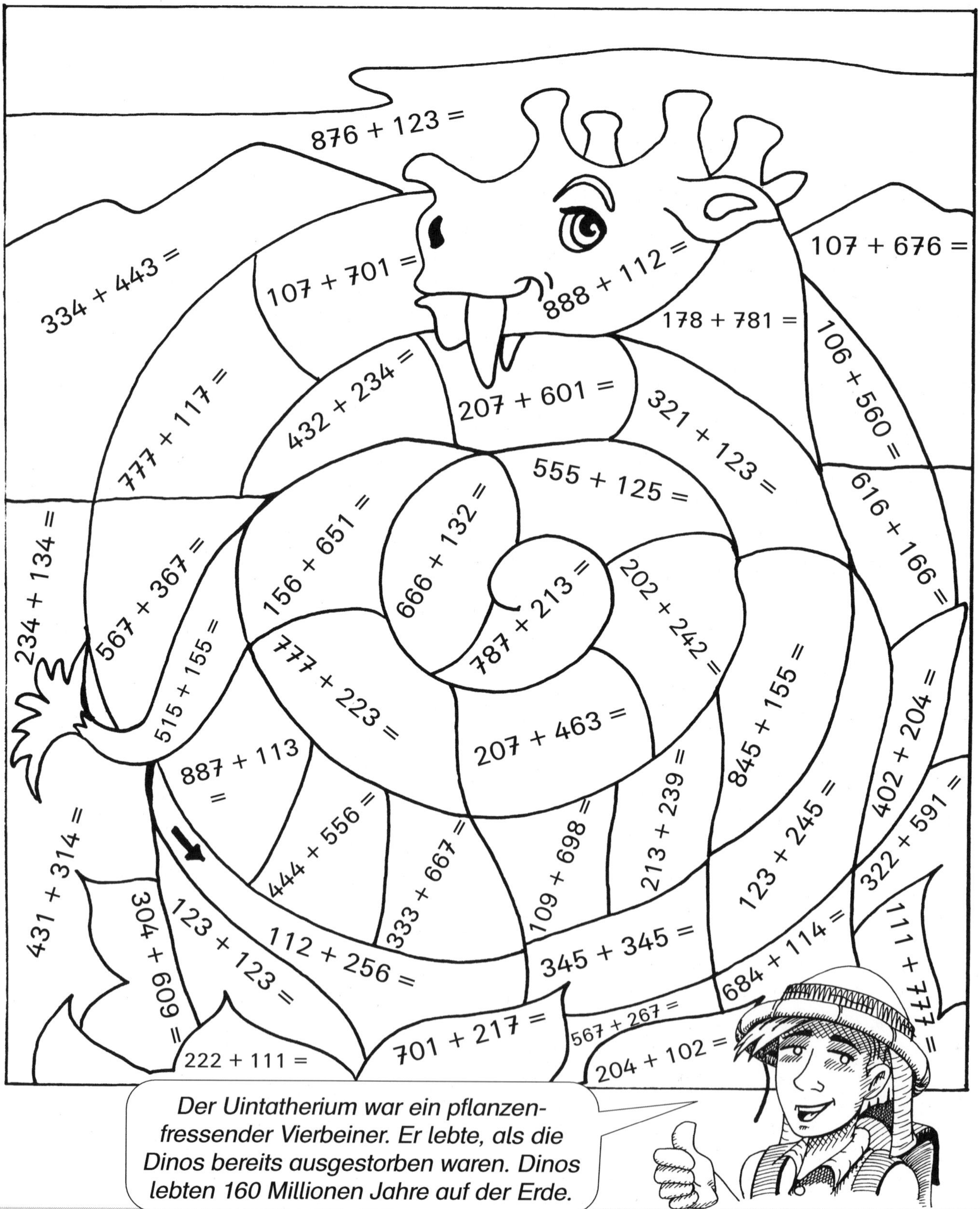

876 + 123 =
334 + 443 =
107 + 701 =
888 + 112 =
107 + 676 =
178 + 781 =
106 + 560 =
777 + 117 =
432 + 234 =
207 + 601 =
321 + 123 =
616 + 166 =
234 + 134 =
567 + 367 =
156 + 651 =
666 + 132 =
555 + 125 =
787 + 213 =
202 + 242 =
515 + 155 =
777 + 223 =
207 + 463 =
845 + 155 =
402 + 204 =
887 + 113 =
431 + 314 =
444 + 556 =
333 + 667 =
109 + 698 =
213 + 239 =
123 + 245 =
322 + 591 =
304 + 609 =
123 + 123 =
112 + 256 =
345 + 345 =
684 + 114 =
111 + 777 =
222 + 111 =
701 + 217 =
567 + 267 =
204 + 102 =

Der Uintatherium war ein pflanzenfressender Vierbeiner. Er lebte, als die Dinos bereits ausgestorben waren. Dinos lebten 160 Millionen Jahre auf der Erde.

Rechne erst alle Aufgaben und suche dann die Farben! Beginne beim Pfeil!

Lösungszahlen und Farben:

orange:
368, 745, 782, 934
rot:
444, 452, 670, 807, 959
lila:
666, 777, 783, 808, 894
hellgrün:
333, 888
dunkelgrün:
306, 606, 913, 918
blau:
999
braun:
368, 680, 798, 1000
schwarz:
246, 690, 834

Das Mammut

Subtraktionsaufgaben mit Hunderter-Zehner-Einer-Zahlen im Zahlenraum bis 1000

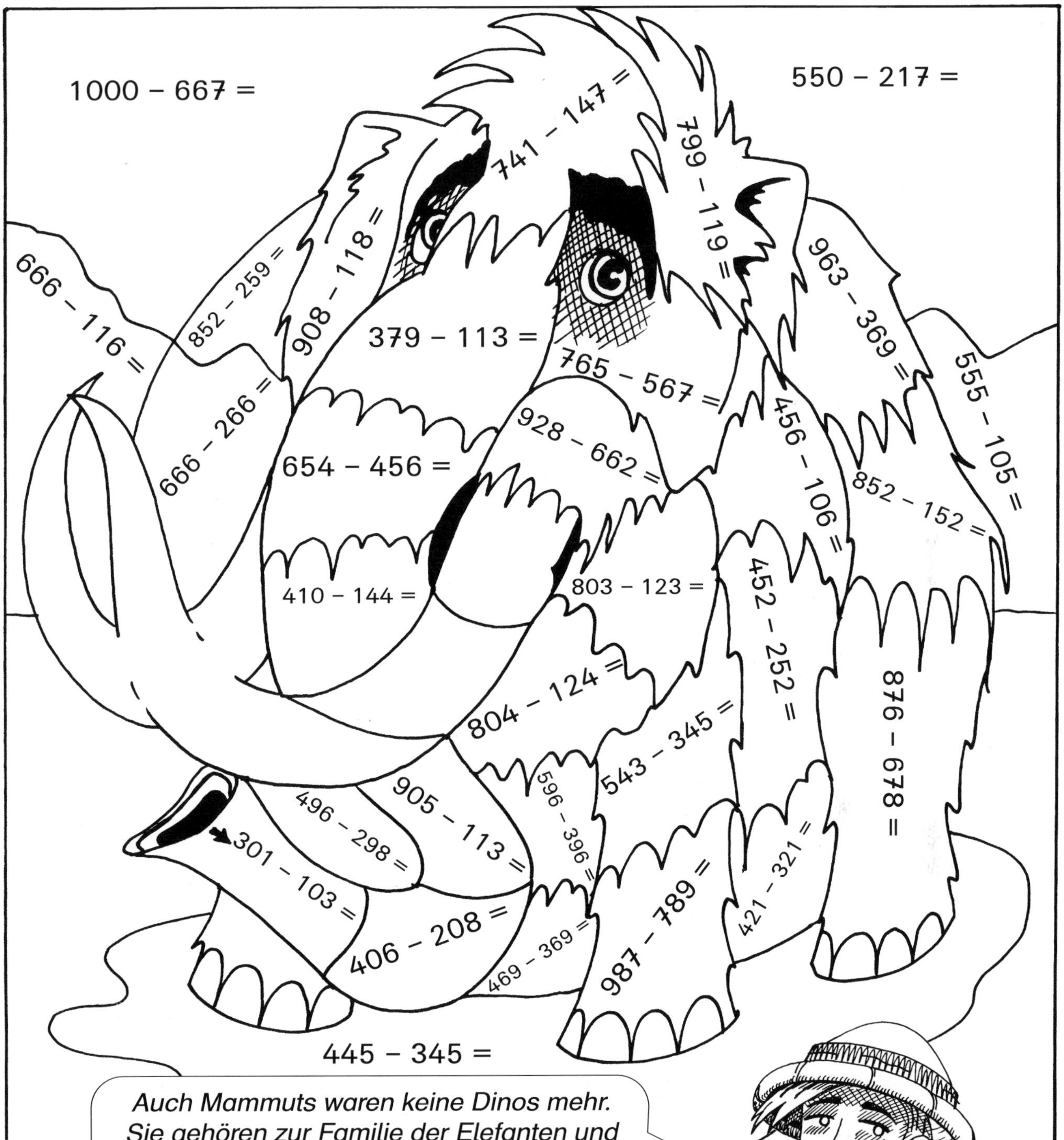

1000 – 667 =

550 – 217 =

741 – 147 =

799 – 119 =

908 – 118 =

852 – 259 =

666 – 116 =

963 – 369 =

379 – 113 =

765 – 567 =

666 – 266 =

555 – 105 =

456 – 106 =

928 – 662 =

654 – 456 =

852 – 152 =

410 – 144 =

803 – 123 =

452 – 252 =

876 – 678 =

804 – 124 =

543 – 345 =

905 – 113 =

596 – 396 =

496 – 298 =

301 – 103 =

421 – 321 =

987 – 789 =

406 – 208 =

469 – 369 =

445 – 345 =

Auch Mammuts waren keine Dinos mehr. Sie gehören zur Familie der Elefanten und lebten in der Eiszeit. Deshalb hatten sie ein dichtes Fell. Sie wurden von den Steinzeitmenschen gejagt und starben am Ende der letzten Eiszeit vor 11 000 Jahren aus.

Rechne erst alle Aufgaben und suche dann die Farben! Beginne beim Pfeil!

Lösungszahlen und Farben:

hellblau: 333, 593

dunkelblau: 400, 450, 550

hellbraun: 198, 266, 792

braun: 350, 594

dunkelbraun: 200, 680, 700, 790

schwarz: 100

Rechen-Mandala-Urkunde

Vorname, Name

hat ________ Seiten gerechnet!

Herzlichen Glückwunsch und mach weiter so!!!!

Unterschrift deiner R-M-U-Schnecke

Lösungen der Übungsaufgaben im Zahlenraum 1–20 für das 1. Schuljahr

Der Hund (Lösung)

Plusaufgaben im Zahlenraum 1–10

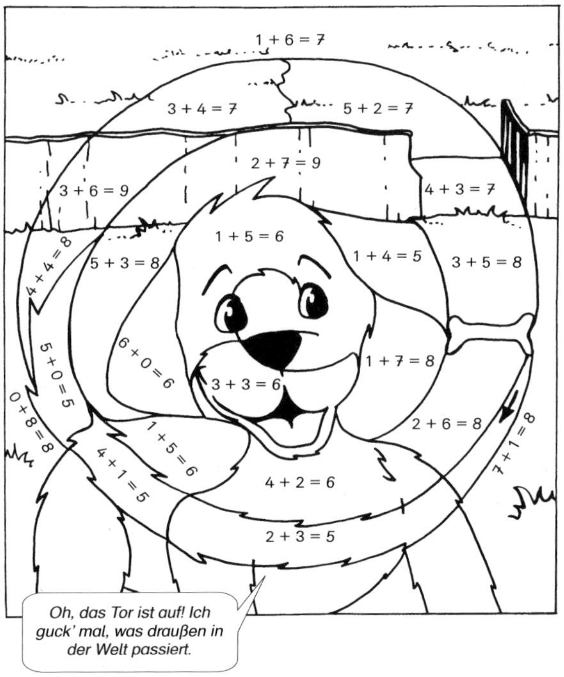

Oh, das Tor ist auf! Ich guck' mal, was draußen in der Welt passiert.

Rechne erst alle Aufgaben und suche dann die Farben! Beginne beim Pfeil!

Lösungszahlen und Farben:

Farbe	Zahl
dunkelbraun	5
hellbraun	6
dunkelgrün	7
hellgrün	8
rot	9

7

Das Schaf (Lösung)

Minusaufgaben im Zahlenraum 1–10

Nein, das sind Socken. Die sind aus meiner Wolle.

Sind deine Beine krank?

Rechne erst alle Aufgaben und suche dann die Farben! Beginne beim Pfeil!

Lösungszahlen und Farben:

Farbe	Zahl
hellbraun	1
dunkelbraun	2
blau	3
grün	4
weiß	5
rot	6

8

Der Hase

Plus- und Minusaufgaben im Zahlenraum 1–10

Deinen Knochen will ich nicht. Karotten mag ich.

Hier hast du meinen Knochen!

Rechne erst alle Aufgaben und suche dann die Farben! Beginne beim Pfeil!

Lösungszahlen und Farben:

Farbe	Zahl
weiß	1
grün	2
orange	3
braun	7
blau	9

9

Der Pelikan (Lösung)

Plus- und Minusaufgaben mit Platzhalter im Zahlenraum 1–10

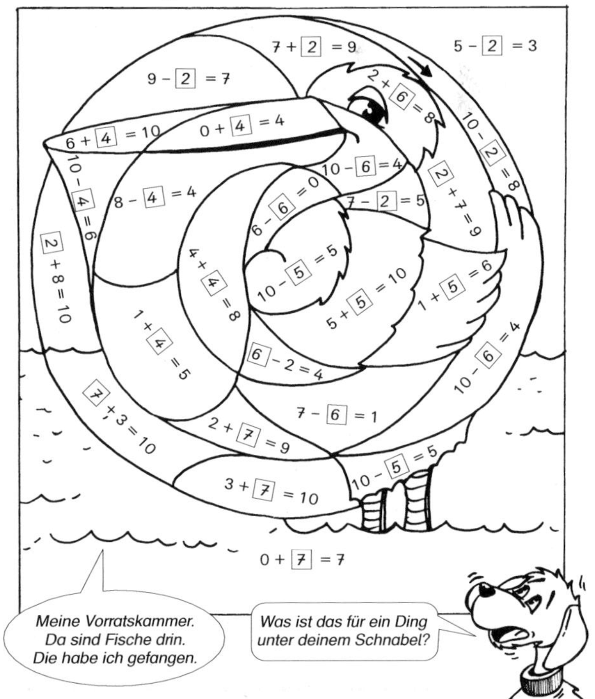

Meine Vorratskammer. Da sind Fische drin. Die habe ich gefangen.

Was ist das für ein Ding unter deinem Schnabel?

Rechne erst alle Aufgaben und suche dann die Farben! Beginne beim Pfeil!

Lösungszahlen und Farben:

Farbe	Zahl
hellblau	2
orange	4
grau	5
weiß	6
dunkelblau	7

10

Der Wal (Lösung)

Plus- und Minusaufgaben und Aufgaben mit Platzhalter im Zahlenraum 1–10

Der Bär (Lösung)

Zehnerüberschreitung in zwei Schritten

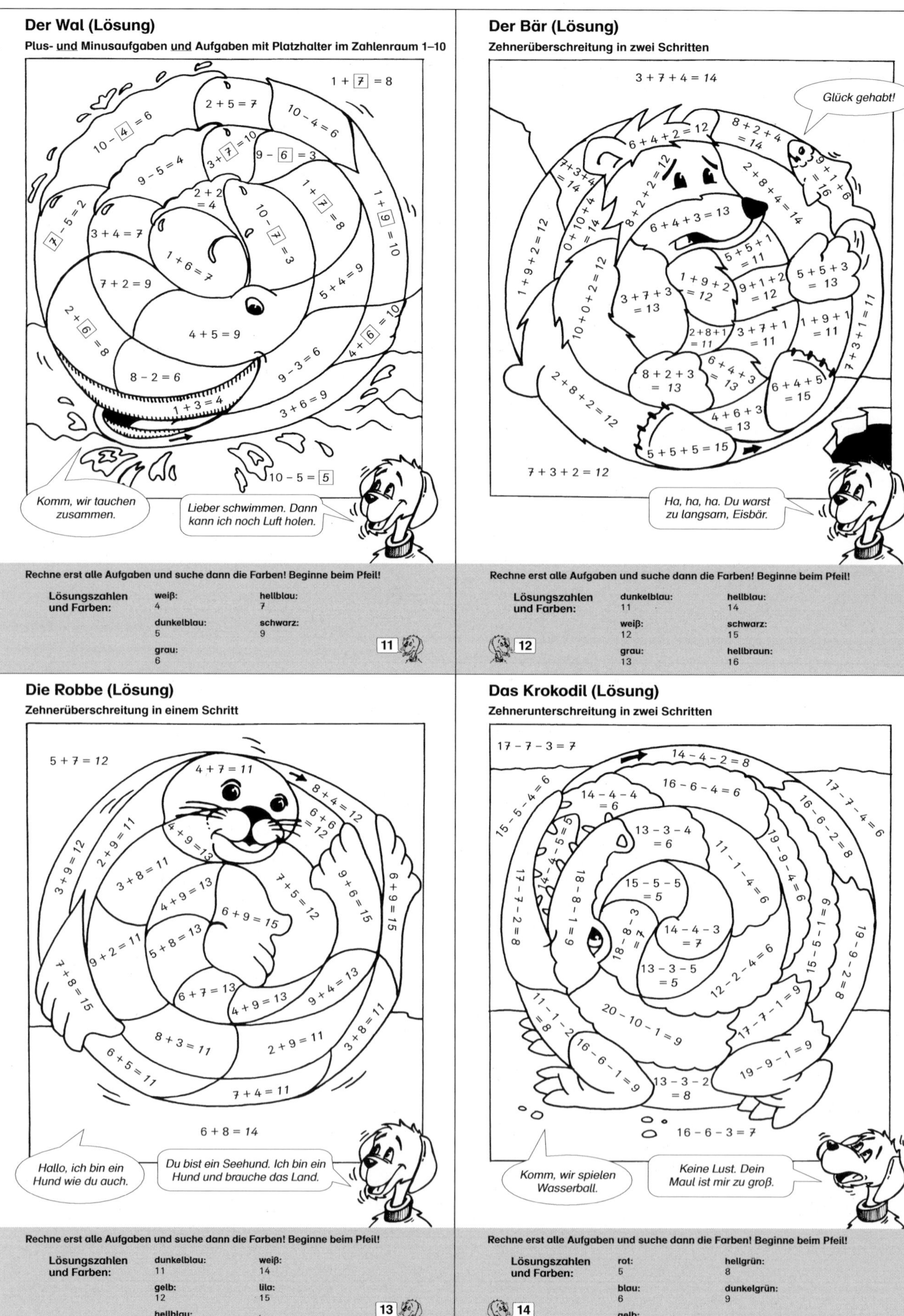

Rechne erst alle Aufgaben und suche dann die Farben! Beginne beim Pfeil!

Lösungszahlen und Farben: weiß: 4; hellblau: 7; dunkelblau: 5; schwarz: 9; grau: 6

11

Rechne erst alle Aufgaben und suche dann die Farben! Beginne beim Pfeil!

Lösungszahlen und Farben: dunkelblau: 11; hellblau: 14; weiß: 12; schwarz: 15; grau: 13; hellbraun: 16

12

Die Robbe (Lösung)

Zehnerüberschreitung in einem Schritt

Das Krokodil (Lösung)

Zehnerunterschreitung in zwei Schritten

Rechne erst alle Aufgaben und suche dann die Farben! Beginne beim Pfeil!

Lösungszahlen und Farben: dunkelblau: 11; weiß: 14; gelb: 12; lila: 15; hellblau: 13

13

Rechne erst alle Aufgaben und suche dann die Farben! Beginne beim Pfeil!

Lösungszahlen und Farben: rot: 5; hellgrün: 8; blau: 6; dunkelgrün: 9; gelb: 7

14

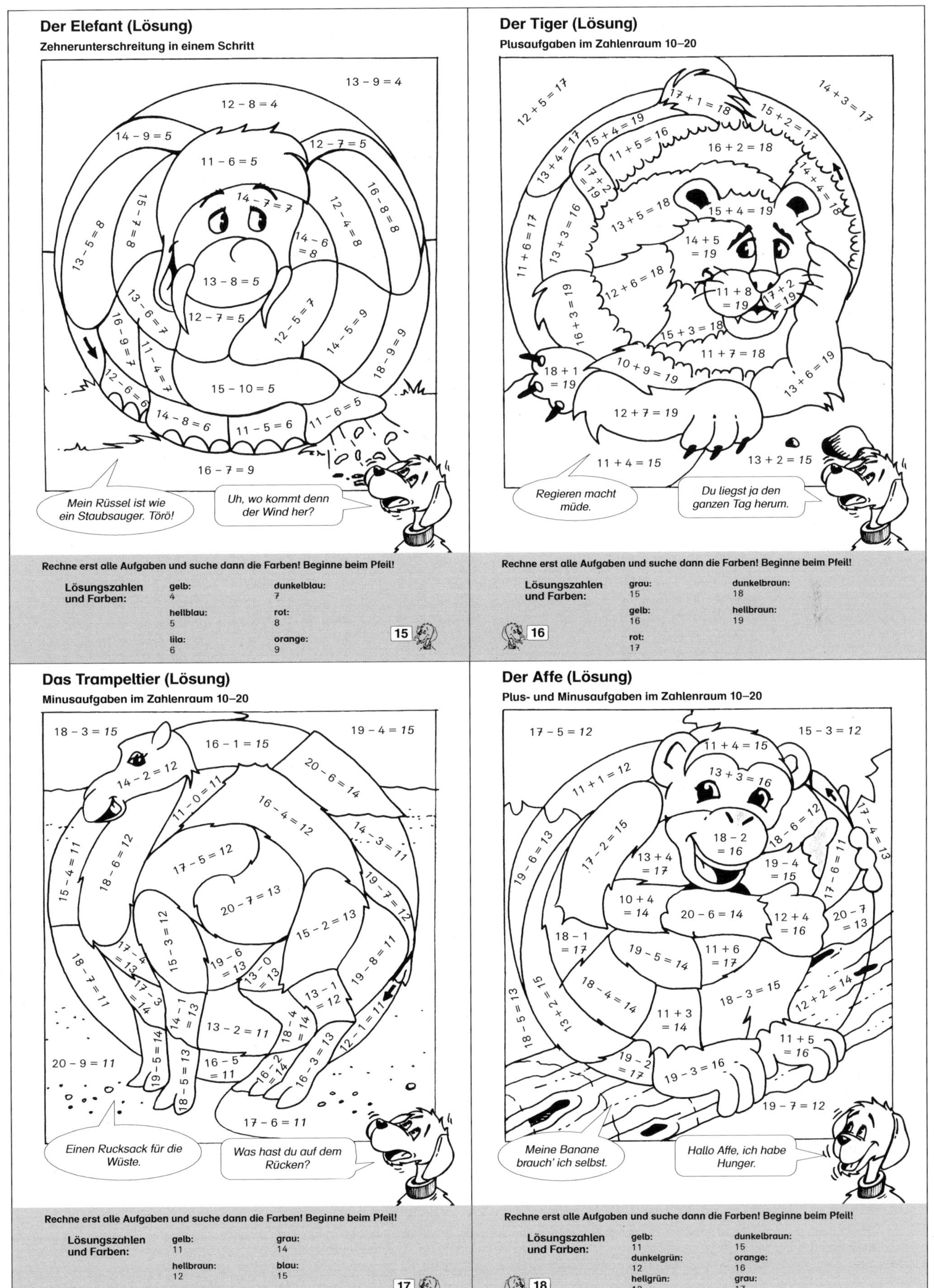

Der Elefant (Lösung)
Zehnerunterschreitung in einem Schritt
Mein Rüssel ist wie ein Staubsauger. Töröö!
Uh, wo kommt denn der Wind her?
Rechne erst alle Aufgaben und suche dann die Farben! Beginne beim Pfeil!
Lösungszahlen und Farben: gelb: 4 hellblau: 5 lila: 6 dunkelblau: 7 rot: 8 orange: 9
15
Der Tiger (Lösung)
Plusaufgaben im Zahlenraum 10–20
Regieren macht müde.
Du liegst ja den ganzen Tag herum.
Rechne erst alle Aufgaben und suche dann die Farben! Beginne beim Pfeil!
Lösungszahlen und Farben: grau: 15 gelb: 16 rot: 17 dunkelbraun: 18 hellbraun: 19
16
Das Trampeltier (Lösung)
Minusaufgaben im Zahlenraum 10–20
Einen Rucksack für die Wüste.
Was hast du auf dem Rücken?
Rechne erst alle Aufgaben und suche dann die Farben! Beginne beim Pfeil!
Lösungszahlen und Farben: gelb: 11 hellbraun: 12 dunkelbraun: 13 grau: 14 blau: 15
17
Der Affe (Lösung)
Plus- und Minusaufgaben im Zahlenraum 10–20
Meine Banane brauch' ich selbst.
Hallo Affe, ich habe Hunger.
Rechne erst alle Aufgaben und suche dann die Farben! Beginne beim Pfeil!
Lösungszahlen und Farben: gelb: 11 dunkelgrün: 12 hellgrün: 13 hellbraun: 14 dunkelbraun: 15 orange: 16 grau: 17
18

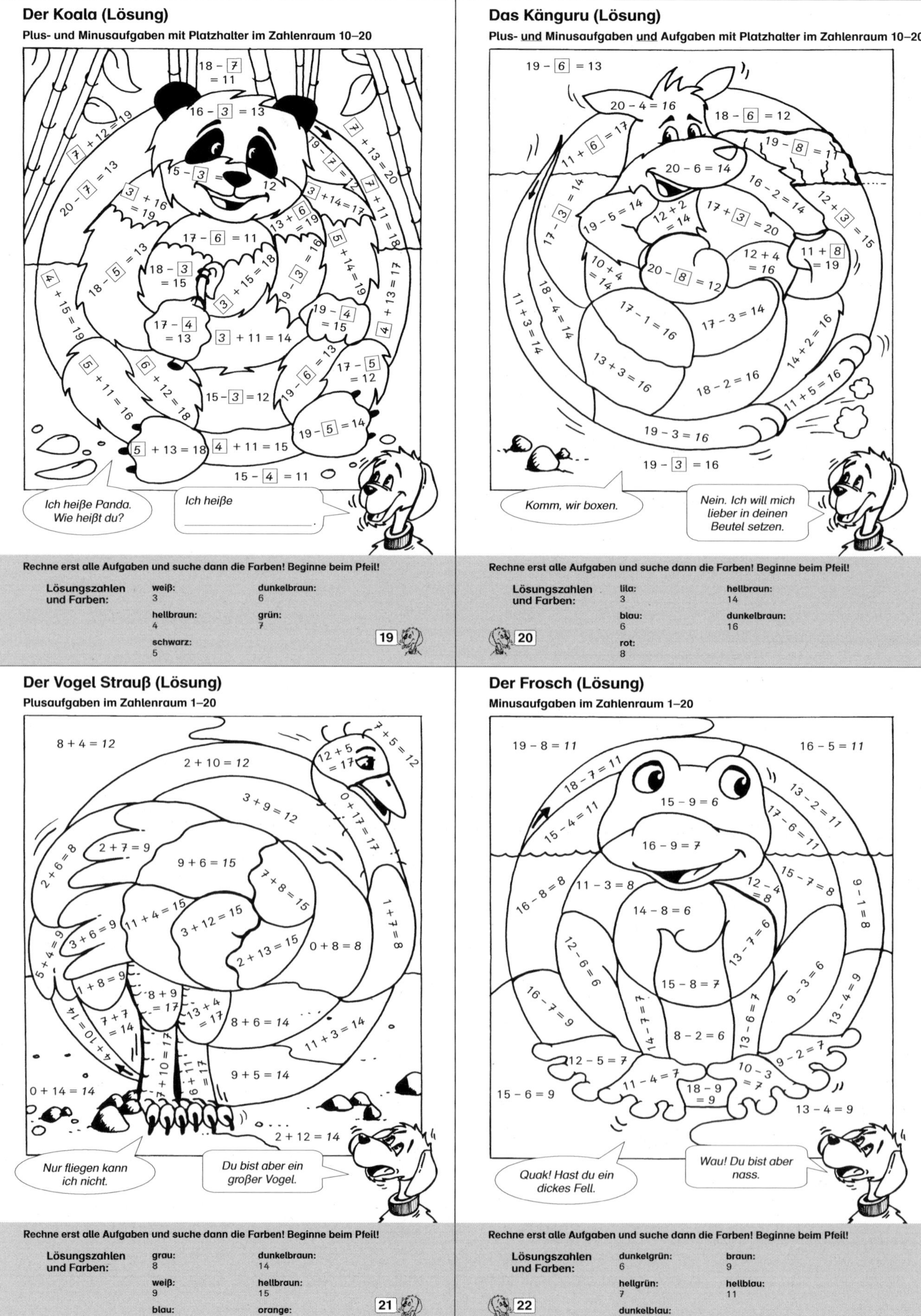
Der Koala (Lösung)
Plus- und Minusaufgaben mit Platzhalter im Zahlenraum 10–20
Ich heiße Panda. Wie heißt du?
Ich heiße ________.
Rechne erst alle Aufgaben und suche dann die Farben! Beginne beim Pfeil!
Lösungszahlen und Farben:
weiß: 3
hellbraun: 4
schwarz: 5
dunkelbraun: 6
grün: 7
19
Das Känguru (Lösung)
Plus- und Minusaufgaben und Aufgaben mit Platzhalter im Zahlenraum 10–20
Komm, wir boxen.
Nein. Ich will mich lieber in deinen Beutel setzen.
Rechne erst alle Aufgaben und suche dann die Farben! Beginne beim Pfeil!
Lösungszahlen und Farben:
lila: 3
blau: 6
rot: 8
hellbraun: 14
dunkelbraun: 16
20
Der Vogel Strauß (Lösung)
Plusaufgaben im Zahlenraum 1–20
Nur fliegen kann ich nicht.
Du bist aber ein großer Vogel.
Rechne erst alle Aufgaben und suche dann die Farben! Beginne beim Pfeil!
Lösungszahlen und Farben:
grau: 8
weiß: 9
blau: 12
dunkelbraun: 14
hellbraun: 15
orange: 17
21
Der Frosch (Lösung)
Minusaufgaben im Zahlenraum 1–20
Quak! Hast du ein dickes Fell.
Wau! Du bist aber nass.
Rechne erst alle Aufgaben und suche dann die Farben! Beginne beim Pfeil!
Lösungszahlen und Farben:
dunkelgrün: 6
hellgrün: 7
dunkelblau: 8
braun: 9
hellblau: 11
22

Die Kuh (Lösung)

Plusaufgaben mit ganzen Zehnern

20 + 20 = 40
10 + 30 = 40
20 + 40 = 60
30 + 30 = 60
20 + 50 = 70
10 + 40 = 50
30 + 20 = 50
0 + 60 = 60
60 + 20 = 80
10 + 50 = 60
40 + 40 = 80
10 + 60 = 70
0 + 70 = 70
0 + 50 = 50
50 + 30 = 80
70 + 20 = 90
40 + 50 = 90
30 + 40 = 70
50 + 40 = 90
30 + 60 = 90
30 + 50 = 80
60 + 30 = 90
40 + 30 = 70
20 + 60 = 80
20 + 30 = 50
50 + 20 = 70
20 + 50 = 70
10 + 70 = 80
10 + 80 = 90
80 + 0 = 80
0 + 90 = 90
80 + 10 = 90
Kauen ist gesund.
Du kaust aber lange an einem Blatt.

Rechne erst alle Aufgaben und suche dann die Farben! Beginne beim Pfeil!

Lösungszahlen und Farben:

dunkelblau: 40
orange: 50
hellblau: 60
dunkelbraun: 70
hellbraun: 80
grün: 90

23

Der Hund (Lösung)

Minusaufgaben mit ganzen Zehnern

90 − 30 = 60
100 − 90 = 10
70 − 10 = 60
90 − 80 = 10
80 − 70 = 10
80 − 20 = 60
40 − 20 = 20
50 − 10 = 40
50 − 30 = 20
70 − 50 = 20
80 − 60 = 20
80 − 40 = 40
70 − 30 = 40
90 − 70 = 20
50 − 20 = 30
100 − 60 = 40
30 − 10 = 20
60 − 40 = 20
100 − 40 = 60
90 − 60 = 30
30 − 20 = 10
40 − 10 = 30
60 − 20 = 40
60 − 30 = 30
70 − 40 = 30
70 − 20 = 50
90 − 40 = 50
Das war aber eine lange Reise durch die Welt. Ich bin froh, wieder in meinem Korb zu liegen.

Rechne erst alle Aufgaben und suche dann die Farben! Beginne beim Pfeil!

Lösungszahlen und Farben:

orange: 10
hellbraun: 20
blau: 30
dunkelbraun: 40
dunkelrot: 50
hellrot: 60

24

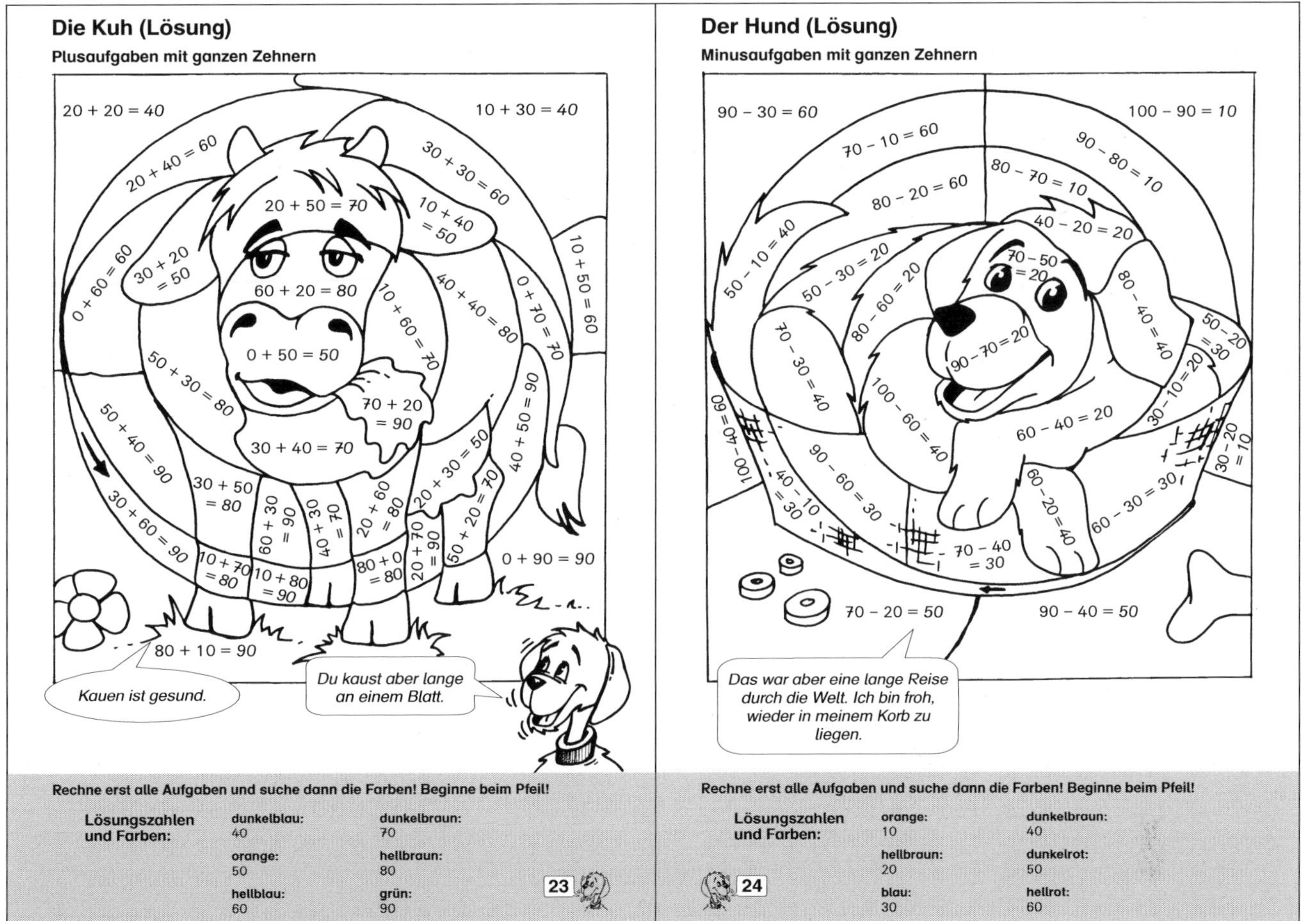

Lösungen der Additions- und Subtraktionsaufgaben im Zahlenraum bis 100 für das 2. Schuljahr

Am Leuchtturm (Lösung)

Plus- und Minusaufgaben von 1–20

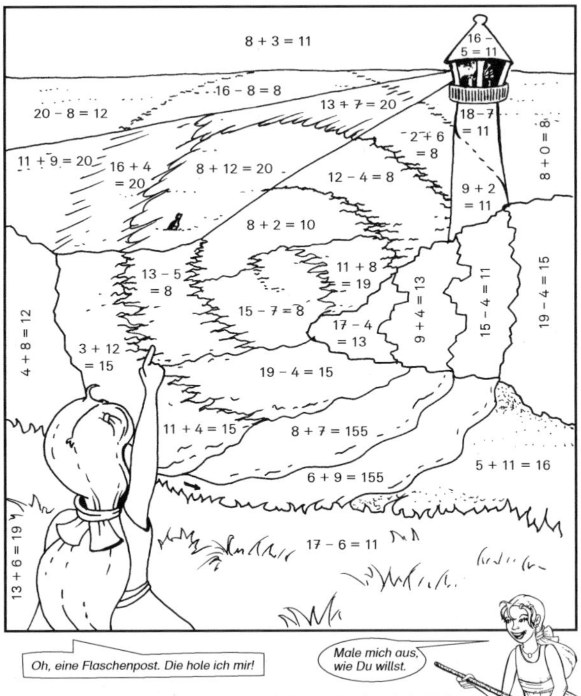

8 + 3 = 11
16 − 5 = 11
16 − 8 = 8
13 + 7 = 20
20 − 8 = 12
18 − 7 = 11
2 + 6 = 8
8 + 0 = 8
11 + 9 = 20
16 + 4 = 20
8 + 12 = 20
12 − 4 = 8
9 + 2 = 11
8 + 2 = 10
13 − 5 = 8
11 + 8 = 19
15 − 7 = 8
9 + 4 = 13
15 − 4 = 11
19 − 4 = 15
4 + 8 = 12
17 − 4 = 13
3 + 12 = 15
19 − 4 = 15
11 + 4 = 15
8 + 7 = 155
5 + 11 = 16
6 + 9 = 155
13 + 6 = 19
17 − 6 = 11
Oh, eine Flaschenpost. Die hole ich mir!
Male mich aus, wie Du willst.

Rechne erst alle Aufgaben und suche dann die Farben! Beginne beim Pfeil!

Lösungszahlen und Farben:

dunkelbraun: 4
hellbraun: 11
grün: 6
hellblau: 15
dunkelblau: 8
gelb: 20
grau: 3

25

Die Schatzkarte (Lösung)

Plus- und Minusaufgaben ohne Zehnerüberschreitung von 20–40

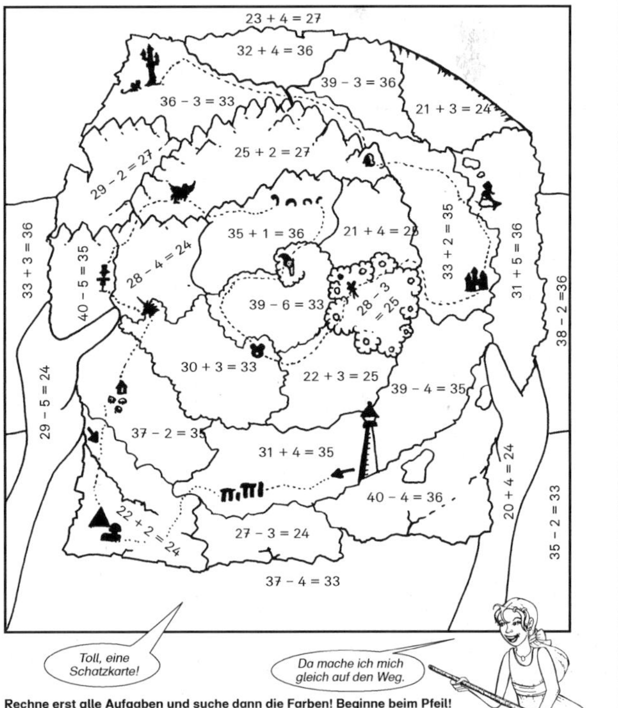

23 + 4 = 27
32 + 4 = 36
39 − 3 = 36
36 − 3 = 33
21 + 3 = 24
25 + 2 = 27
29 − 2 = 27
33 + 3 = 36
35 + 1 = 36
21 + 4 = 25
33 + 2 = 35
31 + 5 = 36
40 − 5 = 35
28 − 4 = 24
39 − 6 = 33
28 − 3 = 25
38 − 2 = 36
30 + 3 = 33
22 + 3 = 25
39 − 4 = 35
29 − 5 = 24
37 − 2 = 35
31 + 4 = 35
20 + 4 = 24
40 − 4 = 36
22 + 2 = 24
27 − 3 = 24
35 − 2 = 33
37 − 4 = 33
Toll, eine Schatzkarte!
Da mache ich mich gleich auf den Weg.

Rechne erst alle Aufgaben und suche dann die Farben! Beginne beim Pfeil!

Lösungszahlen und Farben:

hellbraun: 24
blau: 36
grau: 27
hellgrün: 35
dunkelgrün: 33
rot: 25

26

Der Zauberer (Lösung)

Plus- und Minusaufgaben ohne Zehnerüberschreitung von 40–70

Hallo, was suchst du denn bei mir im 4000 Jahre alten „Stonehenge“ in England?

Ich suche die große Pyramide in Ägypten.

Rechne erst alle Aufgaben und suche dann die Farben! Beginne beim Pfeil!

Lösungszahlen und Farben:	grau: 43	rot: 64	dunkelbraun: 53
	grün: 63, 65	gelb: 47	hellblau: 45
	orange: 44	hellbraun: 68	dunkelblau: 55

27

Die Pyramide (Lösung)

Plus- und Minusaufgaben ohne Zehnerüberschreitung von 40–70

Hallo, wo ist die Wiese mit den Schafen?

Hinter der Pyramide geradeaus. Aber sei leise, hier sind die Pharaonen begraben!

Rechne erst alle Aufgaben und suche dann die Farben! Beginne beim Pfeil!

Lösungszahlen und Farben:	blau: 44	hellbraun: 41
	orange: 60	dunkelbraun: 62
	gelb: 53	

28

Der Wolf (Lösung)

Plusaufgaben ohne Zehnerüberschreitung von 70–100

Hey Wolf, zeig mir den Weg zum Einhorn.

Gehe duch den Wald, wenn du mutig bist!

Rechne erst alle Aufgaben und suche dann die Farben! Beginne beim Pfeil!

Lösungszahlen und Farben:	schwarz: 89	hellgrün: 84, 96	hellbraun: 99
	blau: 95, 72	dunkelgrün: 77, 83	dunkelbraun: 78
	gelb: 86		

29

Das Einhorn (Lösung)

Minusaufgaben ohne Zehnerüberschreitung von 70–100

Hallo, ich bin ein Einhorn. Du suchst die Vogelscheuche? Da musst du hier abbiegen.

Rechne erst alle Aufgaben und suche dann die Farben! Beginne beim Pfeil!

Lösungszahlen und Farben:	blau: 94	gelb: 74	hellgrün: 71
	braun: 85	rot: 95	dunkelgrün: 82
	grau: 93		

30

Die Vogelscheuche (Lösung)

Plusaufgaben mit Zehnerüberschreitung in zwei Schritten von 10–100

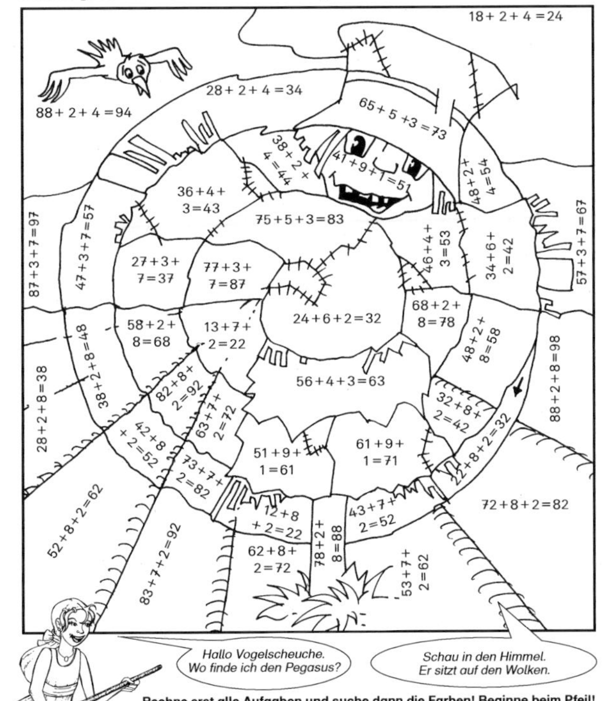

18 + 2 + 4 = 24
88 + 2 + 4 = 94
28 + 2 + 4 = 34
65 + 5 + 3 = 73
38 + 2 + 4 = 44
41 + 9 + 1 = 51
48 + 2 + 4 = 54
36 + 4 + 3 = 43
75 + 5 + 3 = 83
87 + 3 + 7 = 97
47 + 3 + 7 = 57
27 + 3 + 7 = 37
77 + 3 + 7 = 87
46 + 4 + 3 = 53
34 + 6 + 2 = 42
57 + 3 + 7 = 67
24 + 6 + 2 = 32
68 + 2 + 8 = 78
58 + 2 + 8 = 68
13 + 7 + 2 = 22
38 + 2 + 8 = 48
48 + 2 + 8 = 58
28 + 2 + 8 = 38
82 + 8 + 2 = 92
63 + 7 + 2 = 72
56 + 4 + 3 = 63
88 + 2 + 8 = 98
32 + 8 + 2 = 42
42 + 8 + 2 = 52
73 + 7 + 2 = 82
51 + 9 + 1 = 61
61 + 9 + 1 = 71
22 + 8 + 2 = 32
52 + 8 + 2 = 62
12 + 8 + 2 = 22
43 + 7 + 2 = 52
72 + 8 + 2 = 82
83 + 7 + 2 = 92
62 + 8 + 2 = 72
78 + 2 + 8 = 88
53 + 7 + 2 = 62

Hallo Vogelscheuche. Wo finde ich den Pegasus?

Schau in den Himmel. Er sitzt auf den Wolken.

Rechne erst alle Aufgaben und suche dann die Farben! Beginne beim Pfeil!

Lösungszahlen und Farben:			
	hellblau: 3+7	**rot:** 4+3	**hellgrün:** 8+2
	dunkelblau: 2+4	**orange:** 6+2, 5+3	**dunkelgrün:** 7+2
	gelb: 9+1	**braun:** 2+8	

31

Der Pegasus (Lösung)

Minusaufgaben mit Zehnerüberschreitung in zwei Schritten von 20–100

73 − 3 − 4 = 66
52 − 2 − 8 = 42
94 − 4 − 2 = 88
83 − 3 − 5 = 75
63 − 3 − 3 = 57
37 − 7 − 3 = 27
23 − 3 − 5 = 15
93 − 3 − 3 = 87
47 − 7 − 3 = 37
82 − 2 − 6 = 74
43 − 3 − 5 = 35
53 − 3 − 5 = 45
33 − 3 − 5 = 25
63 − 3 − 5 = 55
73 − 3 − 5 = 65
93 − 3 − 5 = 85
22 − 2 − 6 = 14
62 − 2 − 8 = 52
42 − 2 − 8 = 32
92 − 2 − 6 = 84
32 − 2 − 6 = 24
92 − 2 − 8 = 82
42 − 2 − 6 = 34
61 − 1 − 9 = 51
72 − 2 − 8 = 62
21 − 1 − 9 = 11
54 − 4 − 2 = 48
82 − 2 − 8 = 72
97 − 7 − 3 = 87
71 − 1 − 9 = 61
33 − 3 − 4 = 26
65 − 5 − 5 = 55
95 − 5 − 5 = 85

Ich weiß, du willst zu Nessie. Suche den tiefen See.

Danke, Pegasus.

Rechne erst alle Aufgaben und suche dann die Farben! Beginne beim Pfeil!

Lösungszahlen und Farben:			
	hellblau: 5−5, 4−2	**rot:** 3−5	**dunkelbraun:** 1−9
	dunkelblau: 2−8	**lila:** 3−4	**hellbraun:** 2−6
	gelb: 3−3		**grau:** 7−3

32

Nessie (Lösung)

Plus- und Minusaufgaben in zwei Schritten von 10–100

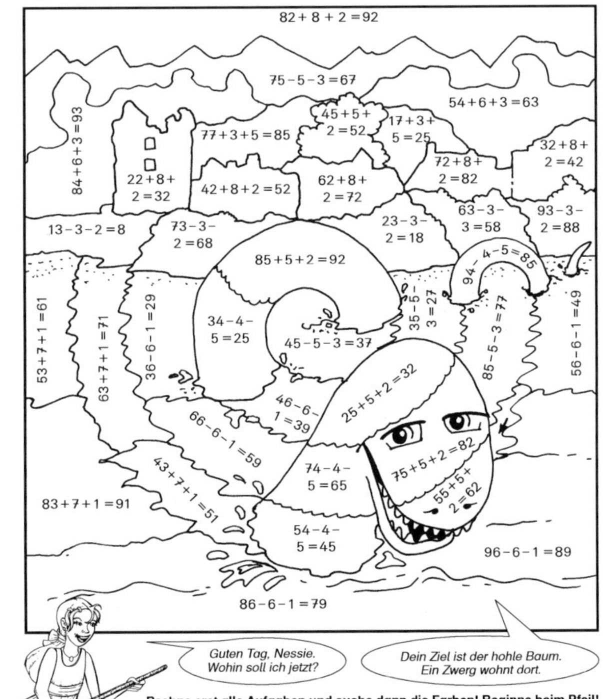

82 + 8 + 2 = 92
75 − 5 − 3 = 67
84 + 6 + 3 = 93
45 + 5 + 2 = 52
17 + 3 + 5 = 25
54 + 6 + 3 = 63
77 + 3 + 5 = 85
32 + 8 + 2 = 42
22 + 8 + 2 = 32
42 + 8 + 2 = 52
62 + 8 + 2 = 72
72 + 8 + 2 = 82
13 − 3 − 2 = 8
73 − 3 − 2 = 68
23 − 3 − 2 = 18
63 − 3 − 3 = 58
93 − 3 − 2 = 88
85 + 5 + 2 = 92
94 − 4 − 5 = 85
53 + 7 + 1 = 61
63 + 7 + 1 = 71
36 − 6 − 1 = 29
34 − 4 − 5 = 25
35 − 5 − 3 = 27
45 − 5 − 3 = 37
85 − 5 − 3 = 77
56 − 6 − 1 = 49
46 − 6 − 1 = 39
25 + 5 + 2 = 32
66 − 6 − 1 = 59
75 + 5 + 2 = 82
74 − 4 − 5 = 65
55 + 5 + 2 = 62
43 + 7 + 1 = 51
83 + 7 + 1 = 91
54 − 4 − 5 = 45
96 − 6 − 1 = 89
86 − 6 − 1 = 79

Guten Tag, Nessie. Wohin soll ich jetzt?

Dein Ziel ist der hohle Baum. Ein Zwerg wohnt dort.

Rechne erst alle Aufgaben und suche dann die Farben! Beginne beim Pfeil!

Lösungszahlen und Farben:			
	lila: 7+1	**grau:** 8+2	**rot:** 6+3
	hellblau: 5−3	**hellgrün:** 5+2	**gelb:** 3+5
	dunkelblau: 6−1	**dunkelgrün:** 4−5	**braun:** 3−2

33

Der Zwerg (Lösung)

Plusaufgaben von 10–50 mit Zehnerüberschreitung

28 + 4 = 32
17 + 9 = 26
38 + 4 = 42
35 + 8 = 43
26 + 6 = 32
27 + 5 = 32
25 + 9 = 34
27 + 6 = 33
28 + 5 = 33
36 + 7 = 43
39 + 5 = 44
38 + 5 = 43
24 + 9 = 33
35 + 9 = 44
26 + 8 = 34
39 + 3 = 42
29 + 4 = 33
19 + 7 = 26
37 + 6 = 43
38 + 8 = 46
37 + 9 = 46
39 + 7 = 46
18 + 7 = 25
36 + 10 = 46
18 + 8 = 26
29 + 9 = 38
20 + 6 = 26
37 + 5 = 42
25 + 8 = 33
23 + 9 = 32
36 + 8 = 44
27 + 7 = 34
16 + 9 = 25
15 + 10 = 25
33 + 9 = 42
19 + 6 = 25
17 + 8 = 25
28 + 6 = 34
29 + 3 = 32
25 + 7 = 32

Hallo, Herr Zwerg. Wo steht der Bienenkorb im Wald?

Hinter dem dritten Baum. Aber Vorsicht vor dem großen Bär!

Rechne erst alle Aufgaben und suche dann die Farben! Beginne beim Pfeil!

Lösungszahlen und Farben:			
	grau: 44	**hellbraun:** 25	**hellgrün:** 33
	orange: 34	**dunkelbraun:** 46, 38	**dunkelgrün:** 32
	rot: 42	**blau:** 26	**lila:** 43

34

Der Bär (Lösung)

Minusaufgaben von 10–50 mit Zehnerüberschreitung

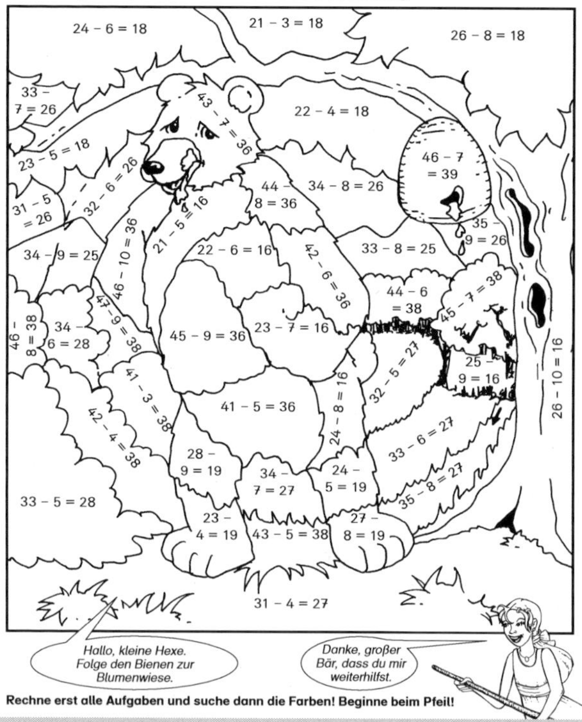

Hallo, kleine Hexe. Folge den Bienen zur Blumenwiese.

Danke, großer Bär, dass du mir weiterhilfst.

Rechne erst alle Aufgaben und suche dann die Farben! Beginne beim Pfeil!

Lösungszahlen und Farben:			
	gelb: 39	**hellbraun:** 36	**hellgrün:** 27
	orange: 28	**dunkelbraun:** 16, 19	**dunkelgrün:** 38
	rot: 18	**weiß:** 25	**blau:** 26

35

Die Zauberfee (Lösung)

Plusaufgaben von 50–100 mit Zehnerüberschreitung

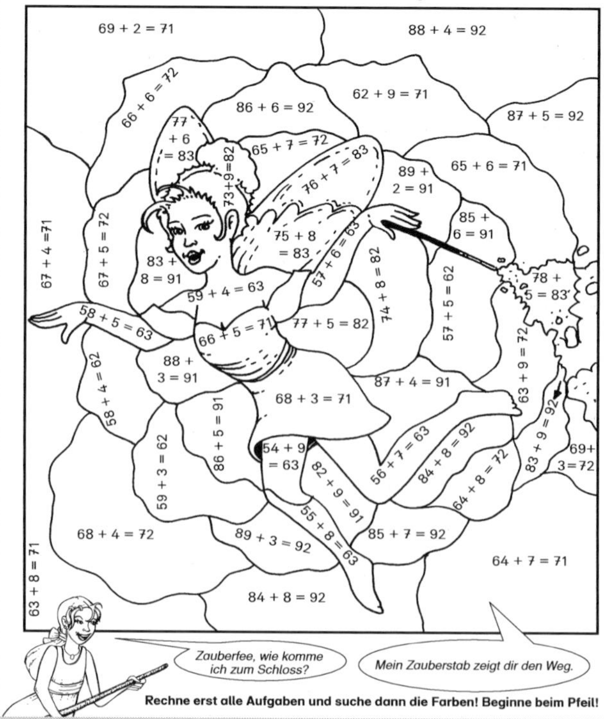

Zauberfee, wie komme ich zum Schloss?

Mein Zauberstab zeigt dir den Weg.

Rechne erst alle Aufgaben und suche dann die Farben! Beginne beim Pfeil!

Lösungszahlen und Farben:			
	gelb: 82	**lila:** 92	**orange:** 91
	grün: 71	**hellbraun:** 63	**rot:** 62
	blau: 83	**dunkelbraun:** 72	

36

Der König (Lösung)

Minusaufgaben von 50–100 mit Zehnerüberschreitung

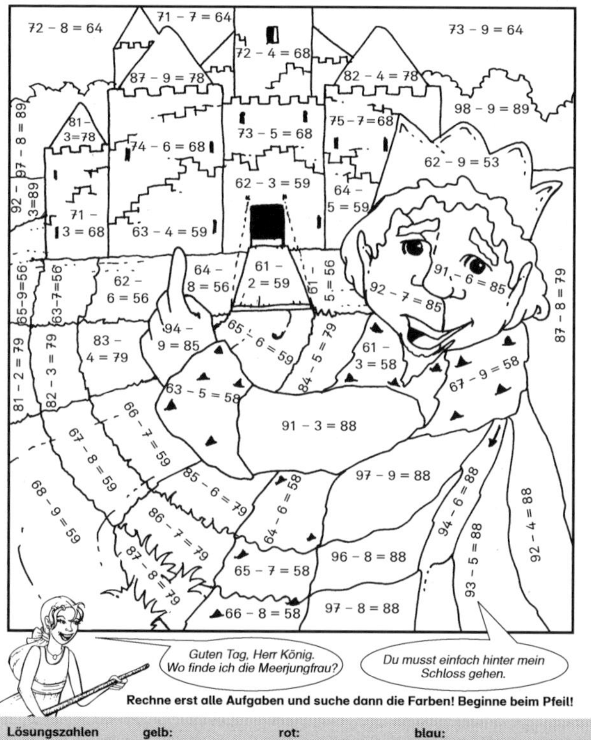

Guten Tag, Herr König. Wo finde ich die Meerjungfrau?

Du musst einfach hinter mein Schloss gehen.

Rechne erst alle Aufgaben und suche dann die Farben! Beginne beim Pfeil!

Lösungszahlen und Farben:			
	gelb: 53, 58	**rot:** 78	**blau:** 64, 56
	hellbraun: 68	**hellgrün:** 79	**orange:** 85
	dunkelbraun: 59	**dunkelgrün:** 89	**lila:** 88

37

Die Meerjungfrau (Lösung)

Plus- und Minusaufgaben von 10–100

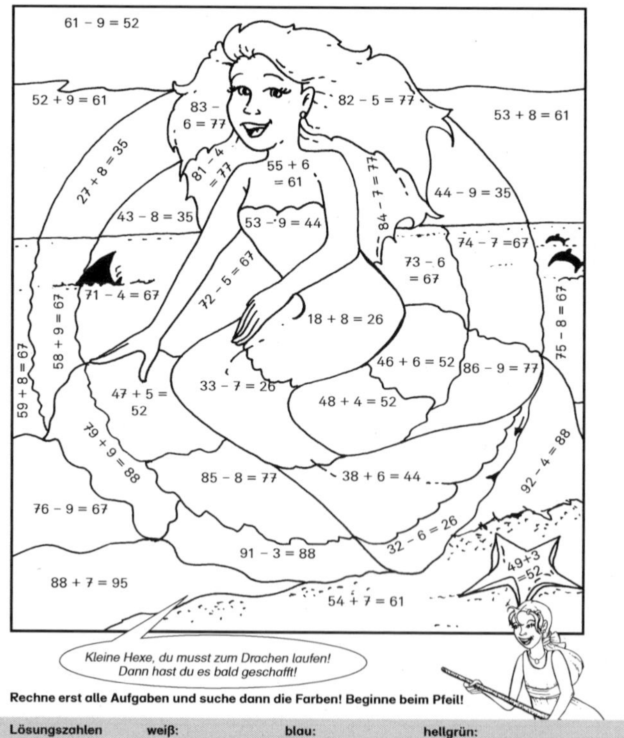

Kleine Hexe, du musst zum Drachen laufen! Dann hast du es bald geschafft!

Rechne erst alle Aufgaben und suche dann die Farben! Beginne beim Pfeil!

Lösungszahlen und Farben:			
	weiß: 95	**blau:** 67	**hellgrün:** 44
	grau: 88	**orange:** 61	**dunkelgrün:** 26
	rot: 52	**braun:** 77	**gelb:** 35

38

Der Drache (Lösung)

Plus- und Minusaufgaben von 10–100

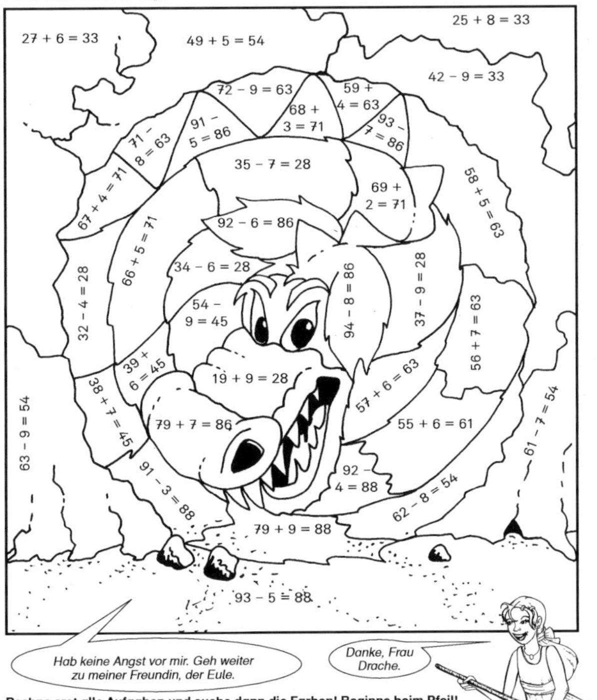

Hab keine Angst vor mir. Geh weiter zu meiner Freundin, der Eule.

Danke, Frau Drache.

Rechne erst alle Aufgaben und suche dann die Farben! Beginne beim Pfeil!

Lösungszahlen und Farben:			
	grau: 63	hellblau: 28	dunkelbraun: 54
	lila: 71	dunkelblau: 86	hellbraun: 33
	hellrot: 45		orange: 88

39

Die Eule (Lösung)

Plusaufgaben mit Platzhalter von 10–100

Liebe Eule, wie finde ich den alten Turm?

Suche die Maus. Sie kann dir helfen.

Rechne erst alle Aufgaben und suche dann die Farben! Beginne beim Pfeil!

Lösungszahlen und Farben:			
	hellgrün: 4	rot: 8	hellbraun: 9
	dunkelgrün: 7	blau: 5	dunkelbraun: 6
	orange: 3	gelb: 2	

40

Die Maus (Lösung)

Minusaufgaben mit Platzhalter von 10–100

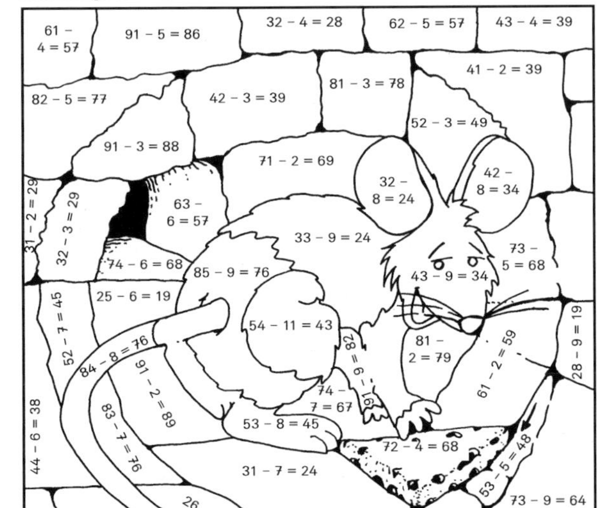

Hi! Wo ist der Schatz versteckt?

Du bist gleich am Ziel, kleine Hexe. Die Schatztruhe findest du ganz oben im Turm.

Rechne erst alle Aufgaben und suche dann die Farben! Beginne beim Pfeil!

Lösungszahlen und Farben:			
	gelb: 4	schwarz: 6	grün: 3
	orange: 8	dunkelbraun: 2	rot: 7
	grau: 9	hellbraun: 5	

41

Der Schatz (Lösung)

Plus- und Minusaufgaben mit Platzhalter von 1–100

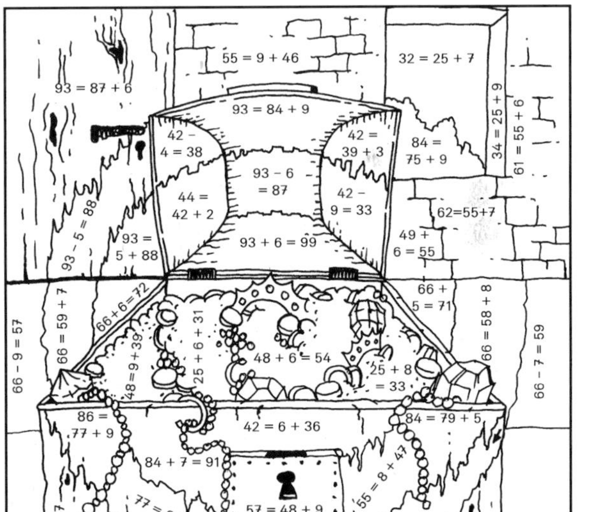

Hurra! Ich habe den Schatz gefunden!

Rechne erst alle Aufgaben und suche dann die Farben! Beginne beim Pfeil!

Lösungszahlen und Farben:			
	orange: 25	blau: 32, 23	gelb: 48
	hellbraun: 55	rot: 66	grün: 84
	dunkelbraun: 42	lila: 77	grau: 93

42

Lösungen der Übungsaufgaben zum kleinen Einmaleins – mit Divisionsaufgaben ab dem 2. Schuljahr

Die Schnecke (Lösung)

Malaufgaben zur Zweier-, Vierer- und Achterreihe

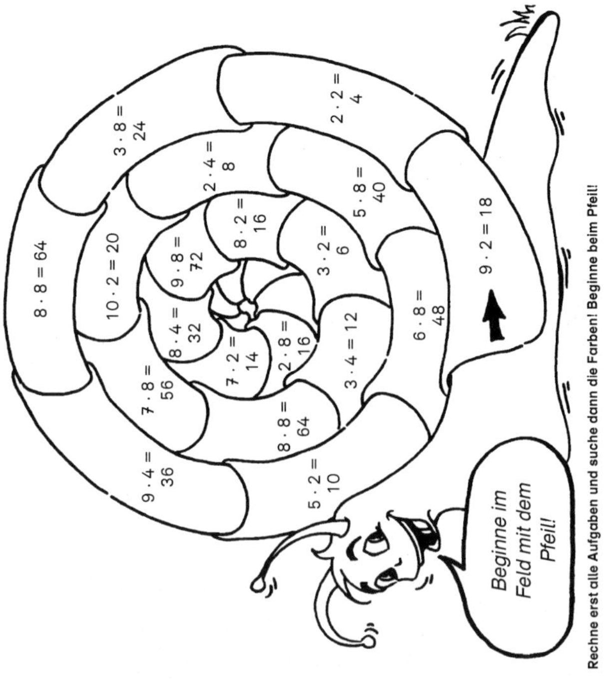

Rechne erst alle Aufgaben und suche dann die Farben! Beginne beim Pfeil!

Lösungszahlen und Farben:

gelb: 6, 10, 14, 18, 20
orange: 8, 12, 32, 36
rot: 24, 48, 56, 72
braun: 4, 16, 40, 64

43

Der Tintenfisch (Lösung)

Malaufgaben zur Dreier-, Sechser- und Neunerreihe

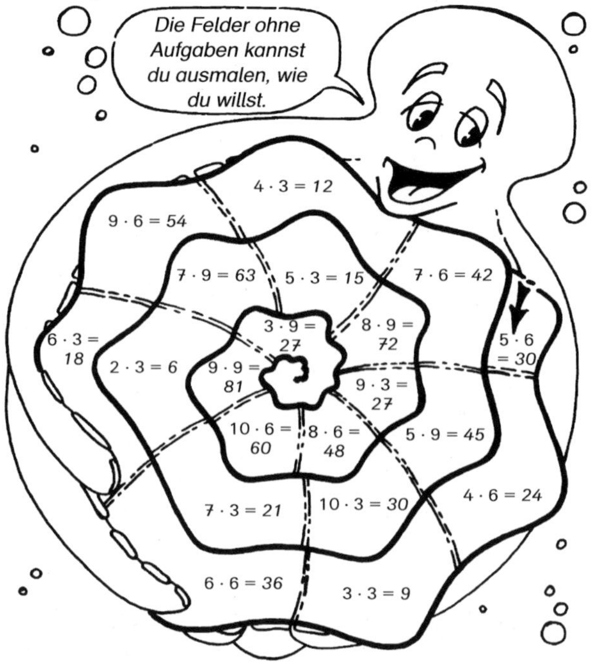

Rechne erst alle Aufgaben und suche dann die Farben! Beginne beim Pfeil!

Lösungszahlen und Farben:

blau: 9, 12, 18, 21, 27
hellgrün: 45, 63, 72, 81
grün: 24, 36, 42, 48, 54
orange: 6, 15, 30, 60

44

Die Schildkröte (Lösung)

Malaufgaben zur Fünfer- und Zehnerreihe

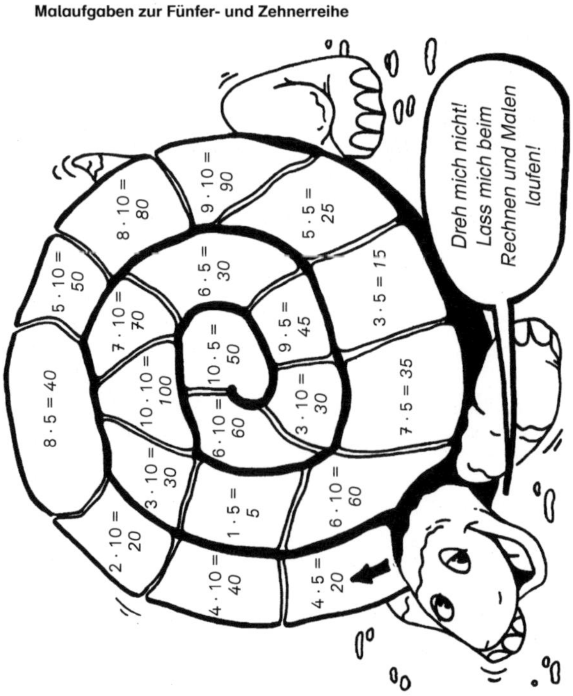

Rechne erst alle Aufgaben und suche dann die Farben! Beginne beim Pfeil!

Lösungszahlen und Farben:

orange: 40, 80
hellgrün: 5, 20, 100
dunkelgrün: 60, 70, 90
hellbraun: 15, 30
dunkelbraun: 25, 35, 45, 50

45

Der Hahn (Lösung)

Malaufgaben zur Siebenerreihe

Rechne erst alle Aufgaben und suche dann die Farben! Beginne beim Pfeil!

Lösungszahlen und Farben:

gelb: 8, 35, 56
grün: 9, 42, 63
orange: 3, 6, 21
hellbraun: 2, 14, 70
rot: 7, 28, 49
dunkelbraun: 5, 10

46

Das Feuerwehrauto (Lösung)

Malaufgaben zur Sechser-, Siebener- und Achterreihe

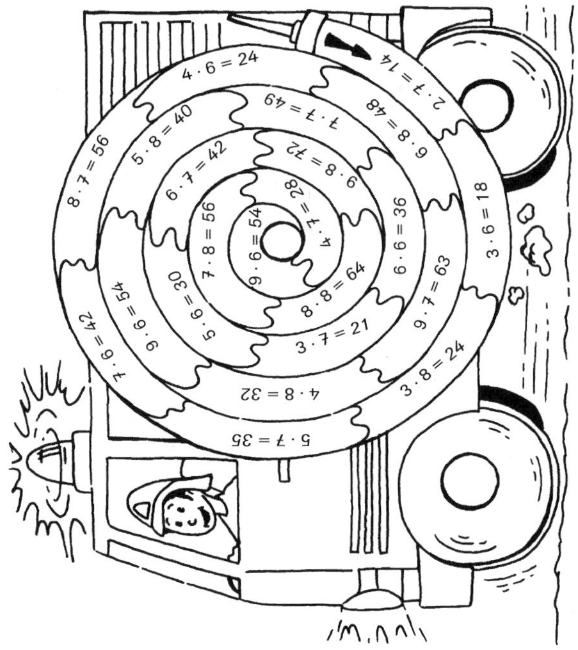

Rechne erst alle Aufgaben und suche dann die Farben! Beginne beim Pfeil!

Lösungszahlen und Farben:

gelb: 24, 32, 56, 72
orange: 40, 48, 64
rot: 18, 30, 36, 42, 54
lila: 14, 21, 28, 35, 42, 49, 63

47

Der Ballon (Lösung)

Malaufgaben zur Siebener-, Achter- und Neunerreihe

Rechne erst alle Aufgaben und suche dann die Farben! Beginne beim Pfeil!

Lösungszahlen und Farben:

gelb: 16, 40, 64, 72
orange: 24, 48, 56, 80
dunkelblau: 28, 35, 42, 70
hellblau: 4, 18, 27, 81
rot: 6, 9, 36, 45, 54
grün: 21, 49, 63

48

Der Fisch (Lösung)

Teilaufgaben zur Zweier-, Vierer- und Achterreihe

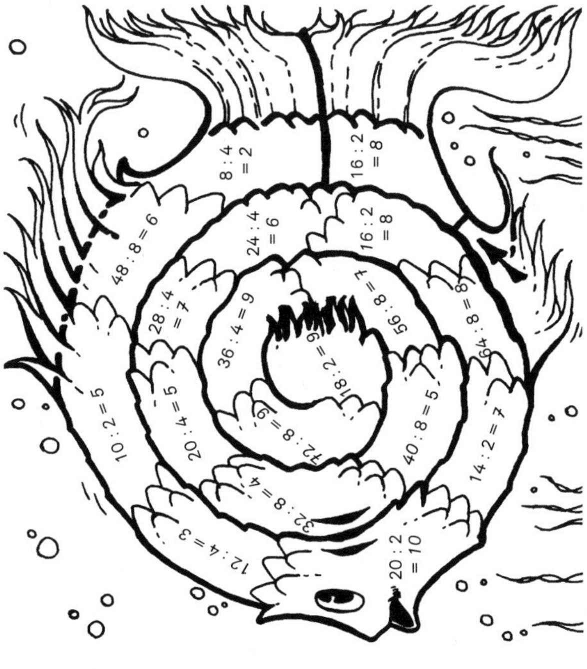

Rechne erst alle Aufgaben und suche dann die Farben! Beginne beim Pfeil!

Lösungszahlen und Farben:

rot: 5, 7, 8
orange: 9, 10
hellblau: 2, 3, 6
dunkelblau: 4, 16, 40, 56

49

Der Igel (Lösung)

Teilaufgaben zur Dreier-, Sechser- und Neunerreihe

Rechne erst alle Aufgaben und suche dann die Farben! Beginne beim Pfeil!

Lösungszahlen und Farben:

orange: 3
rot: 15, 24
hellbraun: 4, 7, 10, 18, 30, 36
dunkelbraun: 2, 5, 6, 8, 9, 63, 81, 90

50

Die Schlange (Lösung)

Gemischte Aufgaben zur Fünfer- und Zehnerreihe

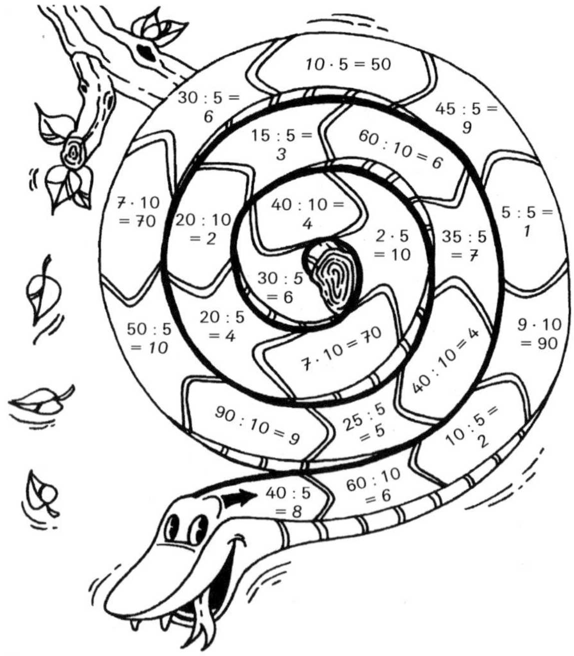

Rechne erst alle Aufgaben und suche dann die Farben! Beginne beim Pfeil!

Lösungszahlen und Farben:

Farbe	Zahlen
hellgrün	4, 6
rot	3, 9
dunkelgrün	7, 8
braun	1, 10
orange	2, 5

51

Die Robbe (Lösung)

Gemischte Aufgaben zur Siebenerreihe

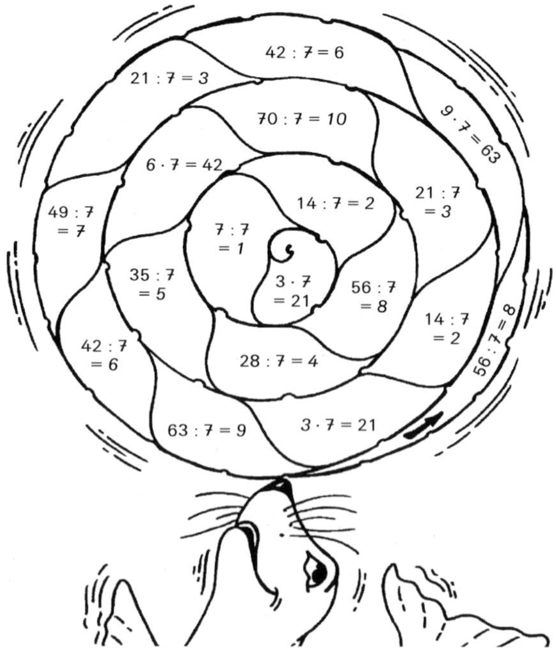

Rechne erst alle Aufgaben und suche dann die Farben! Beginne beim Pfeil!

Lösungszahlen und Farben:

Farbe	Zahlen
blau	3, 6, 9
gelb	1, 8
orange	2, 4, 7
rot	5, 10

52

Das Spinnennetz (Lösung)

Teilaufgaben zur Sechser-, Siebener- und Achterreihe

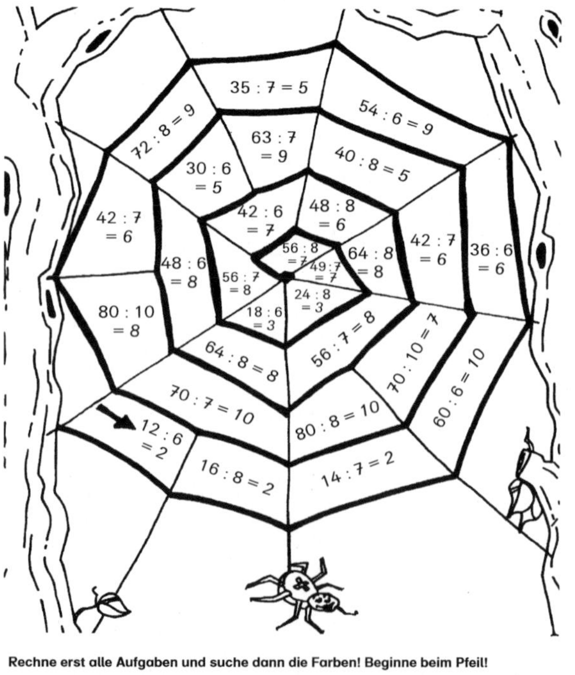

Rechne erst alle Aufgaben und suche dann die Farben! Beginne beim Pfeil!

Lösungszahlen und Farben:

Farbe	Zahlen
gelb	3, 7
hellgrün	10
hellblau	6
grün	2
dunkelblau	9, 5
orange	8

53

Die Delfine (Lösung)

Teilaufgaben zur Siebener-, Achter- und Neunerreihe

Rechne erst alle Aufgaben und suche dann die Farben! Beginne beim Pfeil!

Lösungszahlen und Farben:

Farbe	Zahlen
rot	2, 8
hellblau	3, 9, 10
gelb	4, 6
dunkelblau	1, 5, 7

54

Der Jongleur (Lösung)

Gemischte Aufgaben zu allen Einmaleinsreihen

8 · 9 = 72
2 · 6 = 12
10 · 4 = 40
45 : 9 = 5
72 : 8 = 9
12 : 2 = 6
2 · 7 = 14
40 : 5 = 8
5 · 9 = 45
14 : 2 = 7
7 · 8 = 56
56 : 7 = 8
9 : 3 = 3
3 · 3 = 9

Rechne erst alle Aufgaben und suche dann die Farben! Beginne beim Pfeil!

Lösungszahlen und Farben:

gelb: 56	**lila:** 12
rot: 72	**grün:** 9
blau: 3, 14	**schwarz:** 45
orange: 40	

55

Der Bogenschütze (Lösung)

Gemischte Aufgaben zu allen Einmaleinsreihen

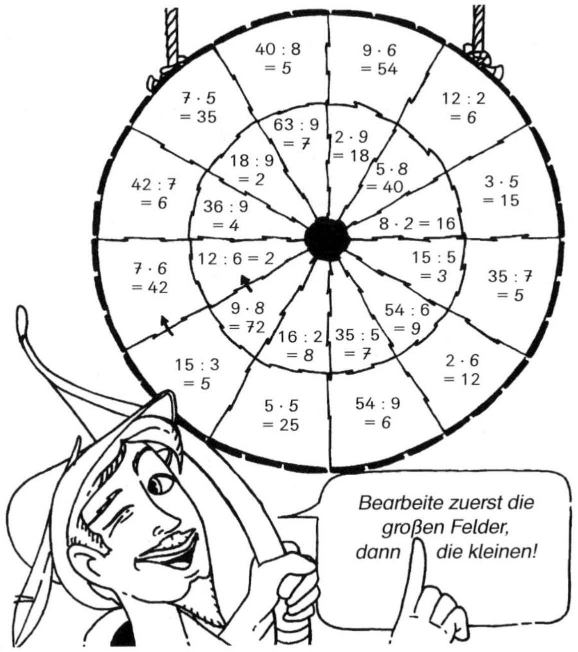

40 : 8 = 5
9 · 6 = 54
7 · 5 = 35
12 : 2 = 6
63 : 9 = 7
2 · 9 = 18
18 : 9 = 2
5 · 8 = 40
42 : 7 = 6
3 · 5 = 15
36 : 9 = 4
8 · 2 = 16
12 : 6 = 2
7 · 6 = 42
15 : 5 = 3
35 : 7 = 5
9 · 8 = 72
54 : 6 = 9
16 : 2 = 8
35 : 5 = 7
15 : 3 = 5
2 · 6 = 12
5 · 5 = 25
54 : 9 = 6

Bearbeite zuerst die großen Felder, dann die kleinen!

Rechne erst alle Aufgaben und suche dann die Farben! Beginne beim Pfeil!

Lösungszahlen und Farben:

gelb: 2, 7	**orange:** 5
grün: 3, 8	**blau:** 6
rot: 4, 9	

56

Der Schmetterling (Lösung)

Gemischte Aufgaben zu allen Einmaleinsreihen

42 = 7 · 6
5 · 4 = 20
12 : 6 = 2
5 · 4 = 20
35 : 7 = 5
49 : 7 = 7
24 = 6 · 4
9 · 6 = 54
18 = 9 · 2
25 : 5 = 5
8 · 9 = 72
18 = 6 · 3
7 · 3 = 21
11 · 9 = 99
64 : 8 = 8
4 · 8 = 32
42 = 7 · 6
20 = 5 · 4
8 · 9 = 72
6 · 7 = 42
9 · 8 = 72
2 · 9 = 18
36 : 9 = 4
4 · 6 = 24
4 · 8 = 32

Rechne erst alle Aufgaben und suche dann die Farben! Beginne beim Pfeil!

Lösungszahlen und Farben:

blau: 18, 20, 21	**rot:** 2, 4, 5
gelb: 24, 32, 42	**grün:** 6, 7, 8
braun: 54, 72, 99	

57

Der Radfahrer (Lösung)

Malaufgaben zu allen Einmaleinsreihen

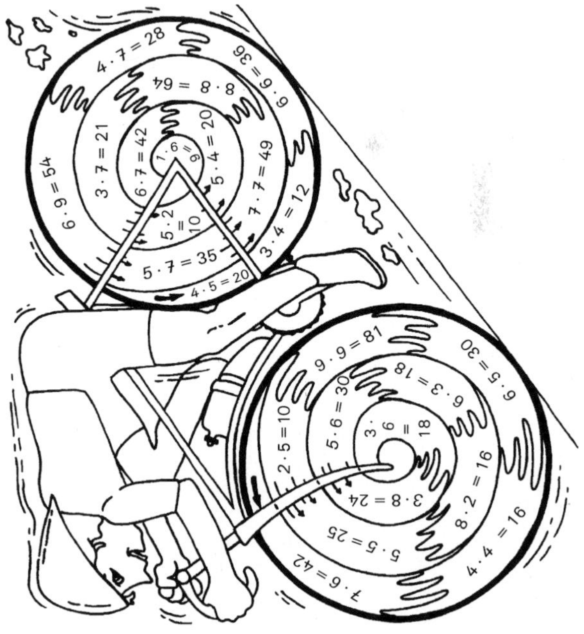

4 · 7 = 28
6 · 6 = 36
8 · 8 = 64
6 · 9 = 54
3 · 7 = 21
6 · 7 = 42
1 · 6 = 6
5 · 4 = 20
7 · 7 = 49
5 · 2 = 10
3 · 4 = 12
5 · 7 = 35
4 · 5 = 20
9 · 9 = 81
6 · 5 = 30
6 · 3 = 18
2 · 5 = 10
5 · 6 = 30
3 · 6 = 18
8 · 2 = 16
3 · 8 = 24
5 · 5 = 25
4 · 4 = 16
7 · 6 = 42

Rechne erst alle Aufgaben und suche dann die Farben! Beginne beim Pfeil!

58

Lösungszahlen und Farben:

hellgrün:	2, 7
dunkelgrün:	3, 8
hellblau:	4, 9
dunkelblau:	5
gelb:	6

Der Pfau (Lösung)

Gemischte Aufgaben zu allen Einmaleinsreihen

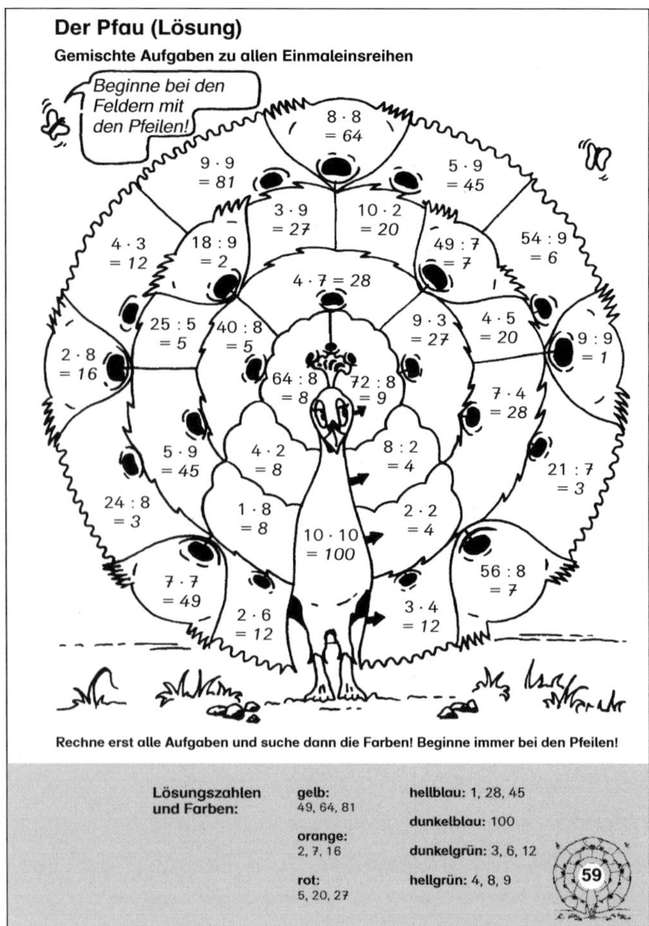

Rechne erst alle Aufgaben und suche dann die Farben! Beginne immer bei den Pfeilen!

Lösungszahlen und Farben:

gelb: 49, 64, 81
orange: 2, 7, 16
rot: 5, 20, 27
hellblau: 1, 28, 45
dunkelblau: 100
dunkelgrün: 3, 6, 12
hellgrün: 4, 8, 9

59

Lösungen der Aufgaben zur mündlichen Addition und Subtraktion im Zahlenraum bis 1000 für das 3. Schuljahr

Die Erde (Lösung)

Einfache Additionsaufgaben im Zahlenraum von 1–1000

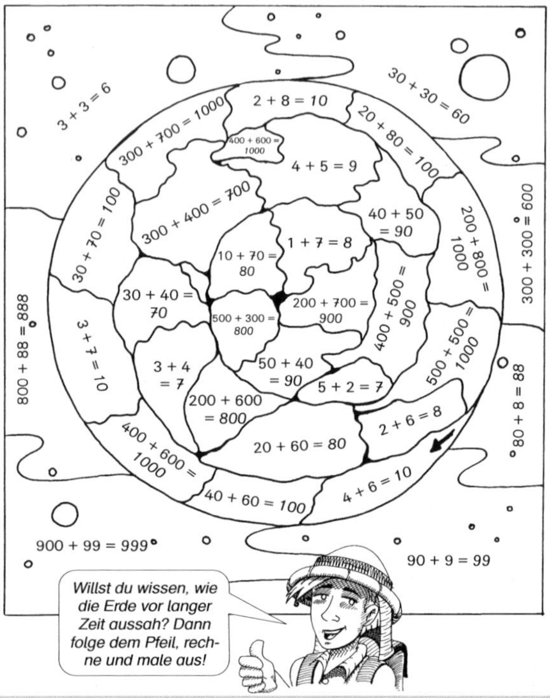

3 + 3 = 6
2 + 8 = 10
30 + 30 = 60
300 + 700 = 1000
400 + 600 = 1000
20 + 80 = 100
4 + 5 = 9
30 + 70 = 100
300 + 400 = 700
40 + 50 = 90
200 + 800 = 1000
300 + 300 = 600
1 + 7 = 8
10 + 70 = 80
400 + 500 = 900
30 + 40 = 70
200 + 700 = 900
500 + 300 = 800
800 + 88 = 888
3 + 7 = 10
500 + 500 = 1000
3 + 4 = 7
50 + 40 = 90
5 + 2 = 7
80 + 8 = 88
200 + 600 = 800
2 + 6 = 8
400 + 600 = 1000
20 + 60 = 80
4 + 6 = 10
40 + 60 = 100
900 + 99 = 999
90 + 9 = 99

Willst du wissen, wie die Erde vor langer Zeit aussah? Dann folge dem Pfeil, rechne und male aus!

Rechne erst alle Aufgaben und suche dann die Farben! Beginne beim Pfeil!

Lösungszahlen und Farben:

gelb: 8, 9, 90, 800
hellblau: 1000
dunkelblau: 10, 100, 900
hellbraun: 7, 70
dunkelbraun: 80, 700
grau: 88, 888
schwarz: 6, 60, 99, 600, 999

60

Die Muscheln (Lösung)

Einfache Subtraktionsaufgaben im Zahlenraum von 1000–1

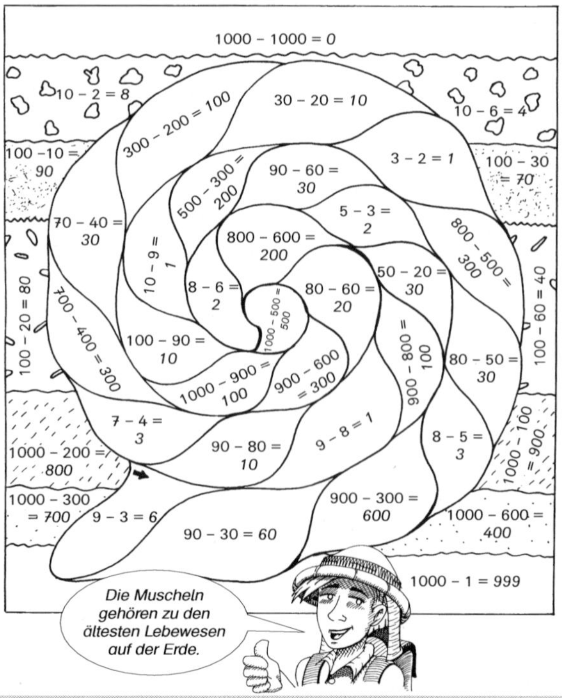

1000 – 1000 = 0
10 – 2 = 8
30 – 20 = 10
10 – 6 = 4
300 – 200 = 100
100 – 10 = 90
3 – 2 = 1
100 – 30 = 70
500 – 300 = 200
90 – 60 = 30
70 – 40 = 30
5 – 3 = 2
10 – 9 = 1
800 – 600 = 200
800 – 500 = 300
100 – 20 = 80
8 – 6 = 2
50 – 20 = 30
80 – 60 = 20
100 – 60 = 40
1000 – 500 = 500
700 – 400 = 300
100 – 90 = 10
900 – 800 = 100
80 – 50 = 30
1000 – 900 = 100
900 – 600 = 300
7 – 4 = 3
9 – 8 = 1
8 – 5 = 3
1000 – 100 = 900
1000 – 200 = 800
90 – 80 = 10
1000 – 300 = 700
9 – 3 = 6
900 – 300 = 600
1000 – 600 = 400
90 – 30 = 60
1000 – 1 = 999

Die Muscheln gehören zu den ältesten Lebewesen auf der Erde.

Rechne erst alle Aufgaben und suche dann die Farben! Beginne beim Pfeil!

Lösungszahlen und Farben:

gelb: 10, 20, 30, 60
orange: 100, 200, 300, 600
rot: 1, 2, 3
hellgrün: 70, 90
dunkelgrün: 4, 8, 40, 80
hellbraun: 0, 999
dunkelbraun: 400, 700, 800, 900
schwarz: 6, 500

61

Die Quallen (Lösung)

Additionsaufgaben, Ergänzungen mit Zehnerzahlen zum nächsten Hunderter

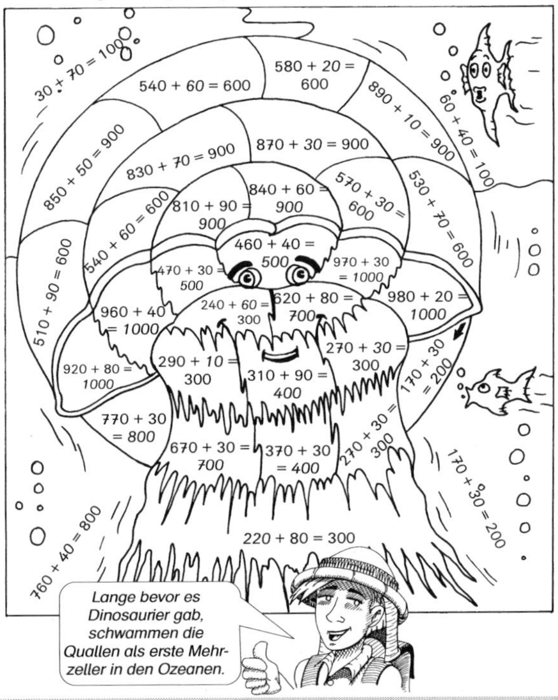

30 + 70 = 100; 540 + 60 = 600; 580 + 20 = 600; 890 + 10 = 900; 60 + 40 = 100; 850 + 50 = 900; 830 + 70 = 900; 870 + 30 = 900; 840 + 60 = 900; 810 + 90 = 900; 570 + 30 = 600; 530 + 70 = 600; 540 + 60 = 600; 460 + 40 = 500; 470 + 30 = 500; 970 + 30 = 1000; 510 + 90 = 600; 960 + 40 = 1000; 240 + 60 = 300; 620 + 80 = 700; 980 + 20 = 1000; 920 + 80 = 1000; 290 + 10 = 300; 310 + 90 = 400; 270 + 30 = 300; 170 + 30 = 200; 770 + 30 = 800; 670 + 30 = 700; 370 + 30 = 400; 270 + 30 = 300; 170 + 30 = 200; 760 + 40 = 800; 220 + 80 = 300

Lange bevor es Dinosaurier gab, schwammen die Quallen als erste Mehrzeller in den Ozeanen.

Rechne erst alle Aufgaben und suche dann die Farben! Beginne beim Pfeil!

Lösungszahlen und Farben:

gelb: 400, 700
orange: 10, 50, 220, 300
hellblau: 20, 60, 90
dunkelblau: 30, 40, 70, 200, 800
braun: 500
grau: 900
schwarz: 1000

62

Die Kopffüßler (Lösung)

Subtraktionsaufgaben mit ganzen Zehnern zum Hunderter

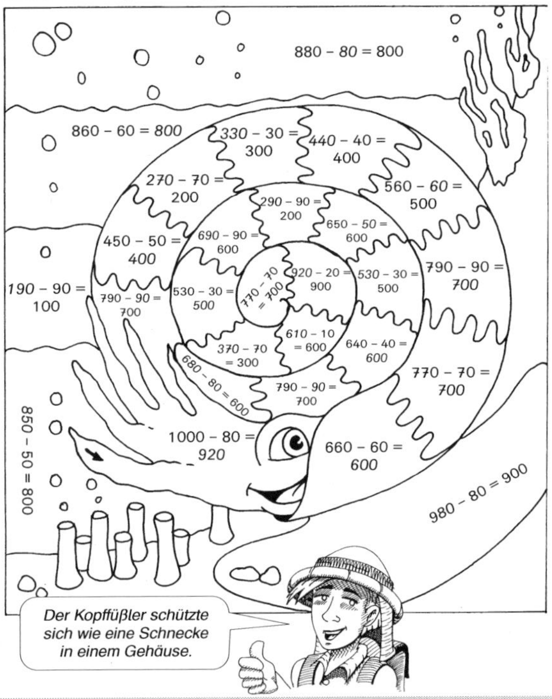

880 − 80 = 800; 860 − 60 = 800; 330 − 30 = 300; 440 − 40 = 400; 270 − 70 = 200; 290 − 90 = 200; 560 − 60 = 500; 650 − 50 = 600; 450 − 50 = 400; 690 − 90 = 600; 790 − 90 = 700; 190 − 90 = 100; 790 − 90 = 700; 530 − 30 = 500; 770 − 70 = 700; 920 − 20 = 900; 530 − 30 = 500; 610 − 10 = 600; 640 − 40 = 600; 370 − 70 = 300; 770 − 70 = 700; 680 − 80 = 600; 790 − 90 = 700; 850 − 50 = 800; 1000 − 80 = 920; 660 − 60 = 600; 980 − 80 = 900

Der Kopffüßler schützte sich wie eine Schnecke in einem Gehäuse.

Rechne erst alle Aufgaben und suche dann die Farben! Beginne beim Pfeil!

Lösungszahlen und Farben:

gelb: 50, 600, 610, 680, 690
orange: 90, 400, 440, 700
rot: 60, 270, 290, 500, 530
hellblau: 190
dunkelblau: 80, 800, 850
hellbraun: 330, 370, 920
dunkelbraun: 980

63

Der Dimetrodon (Lösung)

Additionsaufgaben mit Zehnerzahlen und Überschreitung des Hunderters

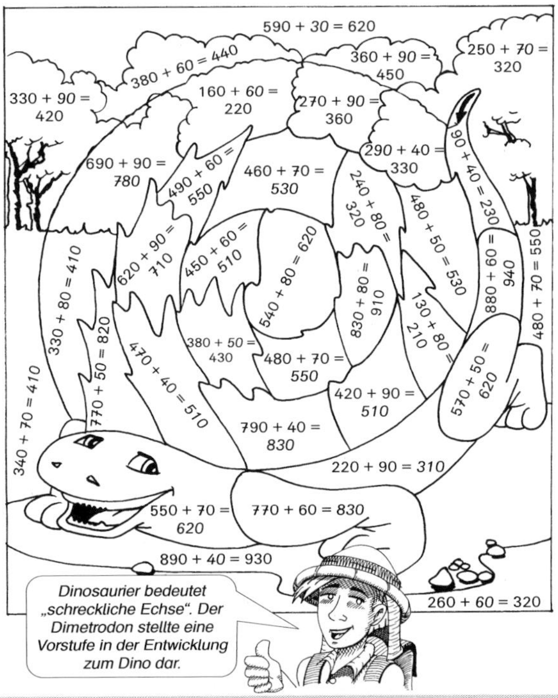

590 + 30 = 620; 380 + 60 = 440; 360 + 90 = 450; 250 + 70 = 320; 330 + 90 = 420; 160 + 60 = 220; 270 + 90 = 360; 290 + 40 = 330; 690 + 90 = 780; 490 + 60 = 550; 460 + 70 = 530; 240 + 80 = 320; 90 + 40 = 230; 480 + 50 = 530; 330 + 80 = 410; 620 + 90 = 710; 450 + 60 = 510; 540 + 80 = 620; 830 + 80 = 910; 880 + 60 = 940; 480 + 70 = 550; 770 + 50 = 820; 130 + 80 = 210; 380 + 50 = 430; 480 + 70 = 550; 340 + 70 = 410; 470 + 40 = 510; 420 + 90 = 510; 570 + 50 = 620; 790 + 40 = 830; 220 + 90 = 310; 550 + 70 = 620; 770 + 60 = 830; 890 + 40 = 930; 260 + 60 = 320

Dinosaurier bedeutet „schreckliche Echse“. Der Dimetrodon stellte eine Vorstufe in der Entwicklung zum Dino dar.

Rechne erst alle Aufgaben und suche dann die Farben! Beginne beim Pfeil!

Lösungszahlen und Farben:

gelb: 510, 530, 550
orange: 230, 620, 830
hellgrün: 90, 290, 780
dunkelgrün: 60, 70, 410
blau: 30
hellbraun: 50, 80
dunkelbraun: 310, 940
schwarz: 40

64

Der Archäopteryx (Lösung)

Subtraktionsaufgaben mit Zehnerzahlen mit Unterschreitung des Hunderters

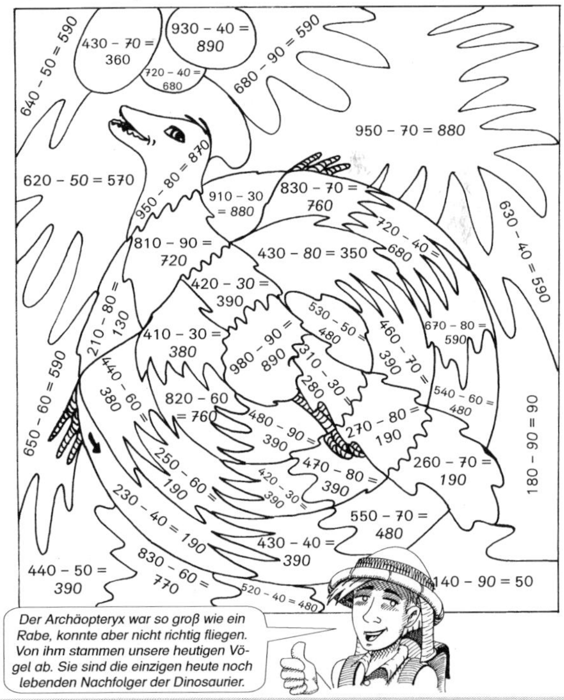

640 − 50 = 590; 430 − 70 = 360; 930 − 40 = 890; 720 − 40 = 680; 680 − 90 = 590; 950 − 70 = 880; 620 − 50 = 570; 950 − 80 = 870; 910 − 30 = 880; 830 − 70 = 760; 630 − 40 = 590; 720 − 40 = 680; 810 − 90 = 720; 430 − 80 = 350; 420 − 30 = 390; 210 − 80 = 130; 530 − 50 = 480; 460 − 70 = 390; 670 − 80 = 590; 410 − 30 = 380; 980 − 90 = 890; 310 − 30 = 280; 440 − 60 = 380; 560 − 60 = 590; 540 − 60 = 480; 820 − 60 = 760; 480 − 90 = 390; 270 − 80 = 190; 650 − 60 = 590; 470 − 80 = 390; 260 − 70 = 190; 180 − 90 = 90; 250 − 60 = 190; 420 − 30 = 390; 230 − 40 = 190; 550 − 70 = 480; 430 − 40 = 390; 830 − 60 = 770; 440 − 50 = 390; 520 − 40 = 480; 140 − 90 = 50

Der Archäopteryx war so groß wie ein Rabe, konnte aber nicht richtig fliegen. Von ihm stammen unsere heutigen Vögel ab. Sie sind die einzigen heute noch lebenden Nachfolger der Dinosaurier.

Rechne erst alle Aufgaben und suche dann die Farben! Beginne beim Pfeil!

Lösungszahlen und Farben:

gelb: 90, 390, 480
orange: 30, 870
hellgrün: 50, 130, 880
dunkelgrün: 590
hellblau: 80, 380, 760
dunkelblau: 190, 680
hellbraun: 720, 890
dunkelbraun: 40, 60, 70

65

Der Stegosaurus (Lösung)

Additionsaufgaben mit Einerzahlen innerhalb der Hunderter

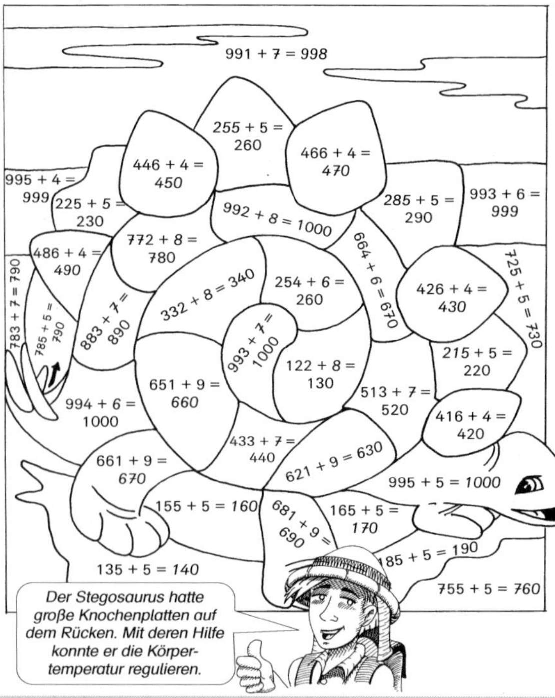

991 + 7 = 998
255 + 5 = 260
446 + 4 = 450
466 + 4 = 470
995 + 4 = 999
225 + 5 = 230
992 + 8 = 1000
285 + 5 = 290
993 + 6 = 999
486 + 4 = 490
772 + 8 = 780
664 + 6 = 670
725 + 5 = 730
783 + 7 = 790
785 + 5 = 790
883 + 7 = 890
332 + 8 = 340
254 + 6 = 260
426 + 4 = 430
993 + 7 = 1000
122 + 8 = 130
215 + 5 = 220
994 + 6 = 1000
651 + 9 = 660
513 + 7 = 520
416 + 4 = 420
433 + 7 = 440
621 + 9 = 630
661 + 9 = 670
995 + 5 = 1000
155 + 5 = 160
681 + 9 = 690
165 + 5 = 170
185 + 5 = 190
135 + 5 = 140
755 + 5 = 760

Der Stegosaurus hatte große Knochenplatten auf dem Rücken. Mit deren Hilfe konnte er die Körpertemperatur regulieren.

Rechne erst alle Aufgaben und suche dann die Farben! Beginne beim Pfeil!

Lösungszahlen und Farben:

orange: 4, 430, 450, 470, 490
rot: 5, 215, 255, 285
grün: 730, 760, 790
hellblau: 998
dunkelblau: 999
hellbraun: 6, 7, 8, 1000
dunkelbraun: 630, 660, 670, 690
schwarz: 140, 160, 170, 190

66

Der Brachiosaurus (Lösung)

Subtraktionsaufgaben mit Einerzahlen innerhalb der Hunderter

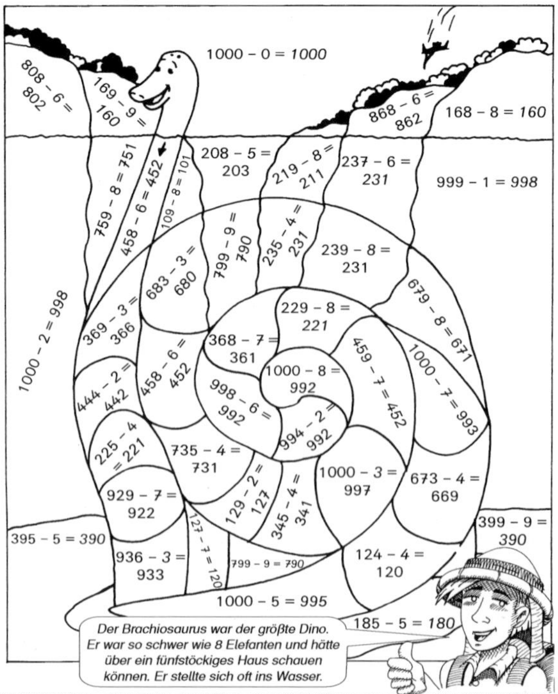

1000 − 0 = 1000
808 − 6 = 802
169 − 9 = 160
868 − 6 = 862
168 − 8 = 160
759 − 8 = 751
458 − 6 = 452
109 − 8 = 101
208 − 5 = 203
219 − 8 = 211
237 − 6 = 231
999 − 1 = 998
683 − 3 = 680
799 − 9 = 790
235 − 4 = 231
239 − 8 = 231
1000 − 2 = 998
369 − 3 = 366
229 − 8 = 221
679 − 8 = 671
368 − 7 = 361
458 − 6 = 452
1000 − 8 = 992
459 − 7 = 452
1000 − 7 = 993
444 − 2 = 442
998 − 6 = 992
994 − 2 = 992
225 − 4 = 221
735 − 4 = 731
929 − 7 = 922
129 − 2 = 127
345 − 4 = 341
1000 − 3 = 997
673 − 4 = 669
395 − 5 = 390
127 − 7 = 120
799 − 9 = 790
124 − 4 = 120
399 − 9 = 390
936 − 3 = 933
1000 − 5 = 995
185 − 5 = 180

Der Brachiosaurus war der größte Dino. Er war so schwer wie 8 Elefanten und hätte über ein fünfstöckiges Haus schauen können. Er stellte sich oft ins Wasser.

Rechne erst alle Aufgaben und suche dann die Farben! Beginne beim Pfeil!

Lösungszahlen und Farben:

lila: 5, 390, 790, 1000
grün: 8, 231, 680, 998
hellblau: 2, 4, 452, 992
dunkelblau: 3, 7, 221, 995
hellbraun: 6, 160
schwarz: 120, 180

67

Der Tyrannosaurus (Lösung)

Additionsaufgaben mit Zehnerüberschreitung innerhalb der Hunderter

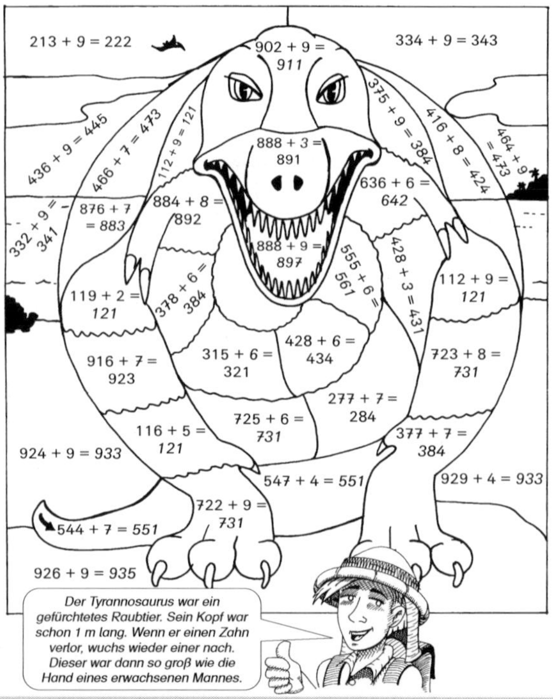

213 + 9 = 222
902 + 9 = 911
334 + 9 = 343
436 + 9 = 445
466 + 7 = 473
112 + 9 = 121
375 + 9 = 384
416 + 8 = 424
464 + 9 = 473
888 + 3 = 891
636 + 6 = 642
332 + 9 = 341
876 + 7 = 883
884 + 8 = 892
888 + 9 = 897
555 + 6 = 561
428 + 3 = 431
119 + 2 = 121
378 + 6 = 384
112 + 9 = 121
916 + 7 = 923
315 + 6 = 321
428 + 6 = 434
723 + 8 = 731
725 + 6 = 731
277 + 7 = 284
116 + 5 = 121
377 + 7 = 384
924 + 9 = 933
547 + 4 = 551
929 + 4 = 933
722 + 9 = 731
544 + 7 = 551
926 + 9 = 935

Der Tyrannosaurus war ein gefürchtetes Raubtier. Sein Kopf war schon 1 m lang. Wenn er einen Zahn verlor, wuchs wieder einer nach. Dieser war dann so groß wie die Hand eines erwachsenen Mannes.

Rechne erst alle Aufgaben und suche dann die Farben! Beginne beim Pfeil!

Lösungszahlen und Farben:

orange: 3, 121, 384, 911
rot: 897
hellgrün: 933
hellblau: 9, 424, 473
dunkelblau: 341, 883
hellbraun: 7, 8, 561, 642, 731
dunkelbraun: 6, 551
schwarz: 935

68

Der Ignanodon (Lösung)

Subtraktionsaufgaben mit Zehnerüberschreitung innerhalb der Hunderter

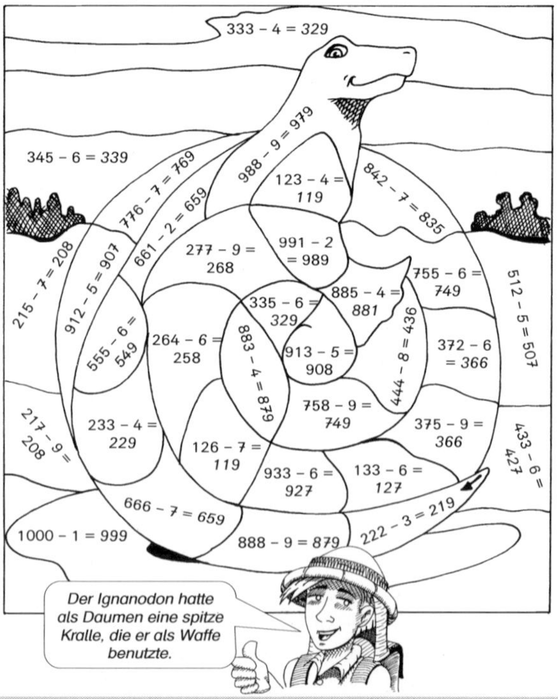

333 − 4 = 329
988 − 9 = 979
345 − 6 = 339
776 − 7 = 769
123 − 4 = 119
842 − 7 = 835
661 − 2 = 659
215 − 7 = 208
912 − 5 = 907
277 − 9 = 268
991 − 2 = 989
755 − 6 = 749
512 − 5 = 507
335 − 6 = 329
885 − 4 = 881
555 − 6 = 549
264 − 6 = 258
883 − 4 = 879
913 − 5 = 908
444 − 8 = 436
372 − 6 = 366
758 − 9 = 749
217 − 9 = 208
233 − 4 = 229
375 − 9 = 366
126 − 7 = 119
933 − 6 = 927
133 − 6 = 127
433 − 6 = 427
666 − 7 = 659
1000 − 1 = 999
888 − 9 = 879
222 − 3 = 219

Der Ignanodon hatte als Daumen eine spitze Kralle, die er als Waffe benutzte.

Rechne erst alle Aufgaben und suche dann die Farben! Beginne beim Pfeil!

Lösungszahlen und Farben:

gelb: 5, 7, 8, 366, 749
orange: 127, 427, 927
hellgrün: 9, 229, 549, 659
dunkelgrün: 2, 6, 119, 219, 879, 881
blau: 329, 339, 769, 835
braun: 999

69

Der Diplodocus (Lösung)

Additionsaufgaben mit Zehner-Einer-Zahlen innerhalb der Hunderter

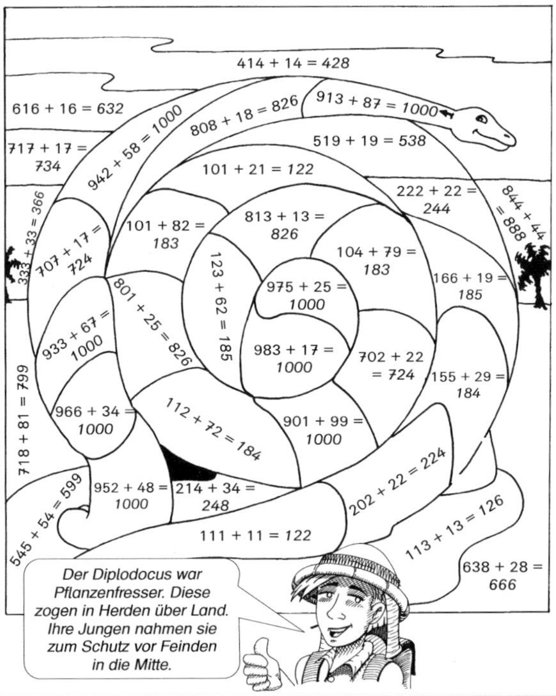

414 + 14 = 428
616 + 16 = 632
913 + 87 = 1000
808 + 18 = 826
717 + 17 = 734
519 + 19 = 538
942 + 58 = 1000
101 + 21 = 122
333 + 33 = 366
222 + 22 = 244
844 + 44 = 888
707 + 17 = 724
101 + 82 = 183
813 + 13 = 826
123 + 62 = 185
104 + 79 = 183
975 + 25 = 1000
166 + 19 = 185
801 + 25 = 826
933 + 67 = 1000
983 + 17 = 1000
702 + 22 = 724
155 + 29 = 184
718 + 81 = 799
966 + 34 = 1000
112 + 72 = 184
901 + 99 = 1000
202 + 22 = 224
952 + 48 = 1000
214 + 34 = 248
545 + 54 = 599
111 + 11 = 122
113 + 13 = 126
638 + 28 = 666

Der Diplodocus war Pflanzenfresser. Diese zogen in Herden über Land. Ihre Jungen nahmen sie zum Schutz vor Feinden in die Mitte.

Rechne erst alle Aufgaben und suche dann die Farben! Beginne beim Pfeil!

Lösungszahlen und Farben:

gelb: 428, 538, 632, 734
lila: 1000
hellgrün: 244, 366, 888
dunkelgrün: 666, 799
hellblau: 183, 224, 724, 826
braun: 126, 248, 599
grau: 122, 184, 185

70

Der Triceratops (Lösung)

Subtraktionsaufgaben mit Zehner-Einer-Zahlen innerhalb der Hunderter

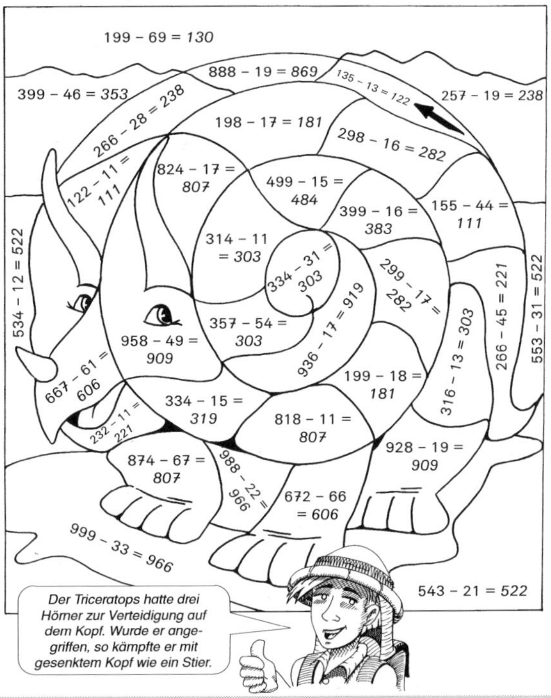

199 − 69 = 130
888 − 19 = 869
135 − 13 = 122
399 − 46 = 353
266 − 28 = 238
257 − 19 = 238
198 − 17 = 181
298 − 16 = 282
122 − 11 = 111
824 − 17 = 807
499 − 15 = 484
155 − 44 = 111
399 − 16 = 383
534 − 12 = 522
314 − 11 = 303
334 − 31 = 303
299 − 17 = 282
266 − 45 = 221
553 − 31 = 522
958 − 49 = 909
357 − 54 = 303
936 − 17 = 919
316 − 13 = 303
667 − 61 = 606
199 − 18 = 181
232 − 11 = 221
334 − 15 = 319
818 − 11 = 807
928 − 19 = 909
874 − 67 = 807
988 − 22 = 966
672 − 66 = 606
999 − 33 = 966
543 − 21 = 522

Der Triceratops hatte drei Hörner zur Verteidigung auf dem Kopf. Wurde er angegriffen, so kämpfte er mit gesenktem Kopf wie ein Stier.

Rechne erst alle Aufgaben und suche dann die Farben! Beginne beim Pfeil!

Lösungszahlen und Farben:

gelb: 522
hellgrün: 111, 221, 319, 919
dunkelgrün: 303, 606, 807, 909
blau: 130, 869
hellbraun: 181, 282, 383, 484
dunkelbraun: 122, 238, 353
schwarz: 966

71

Der Ankylosaurus (Lösung)

Additionsaufgaben und Ergänzungen mit ganzen Hundertern im Zahlenraum bis 1000

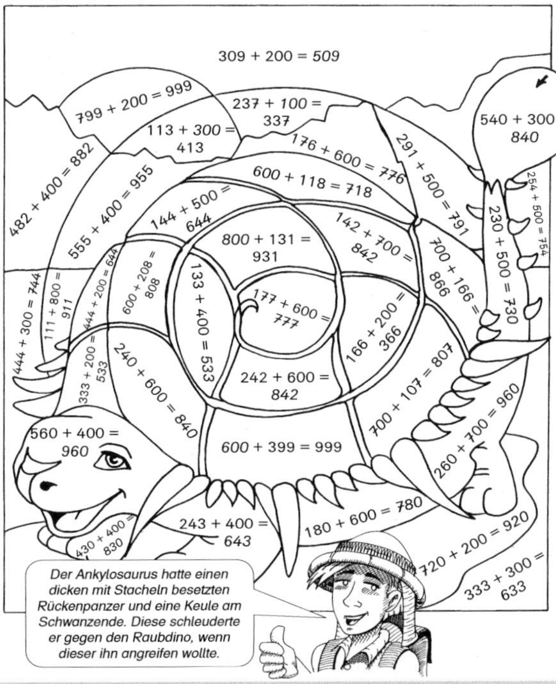

309 + 200 = 509
799 + 200 = 999
237 + 100 = 337
113 + 300 = 413
540 + 300 = 840
176 + 600 = 776
291 + 500 = 791
482 + 400 = 882
600 + 118 = 718
555 + 400 = 955
144 + 500 = 644
254 + 500 = 754
230 + 500 = 730
142 + 700 = 842
800 + 131 = 931
444 + 300 = 744
111 + 800 = 911
444 + 200 = 644
600 + 208 = 808
133 + 400 = 533
700 + 166 = 866
177 + 600 = 777
166 + 200 = 366
333 + 200 = 533
240 + 600 = 840
242 + 600 = 842
700 + 107 = 807
560 + 400 = 960
600 + 399 = 999
260 + 700 = 960
243 + 400 = 643
180 + 600 = 780
430 + 400 = 830
720 + 200 = 920
333 + 300 = 633

Der Ankylosaurus hatte einen dicken mit Stacheln besetzten Rückenpanzer und eine Keule am Schwanzende. Diese schleuderte er gegen den Raubdino, wenn dieser ihn angreifen wollte.

Rechne erst alle Aufgaben und suche dann die Farben! Beginne beim Pfeil!

Lösungszahlen und Farben:

gelb: 200, 300
lila: 400, 500, 776
hellgrün: 633, 744, 780, 911
dunkelgrün: 643, 730, 830, 960
hellblau: 100, 509
hellbraun: 600, 644, 777, 842
dunkelbraun: 366, 533, 700, 800, 840
schwarz: 920

72

Der Tyrannosaurus (Lösung)

Subtraktionsaufgaben und Ergänzungen mit ganzen Hundertern im Zahlenraum bis 1000

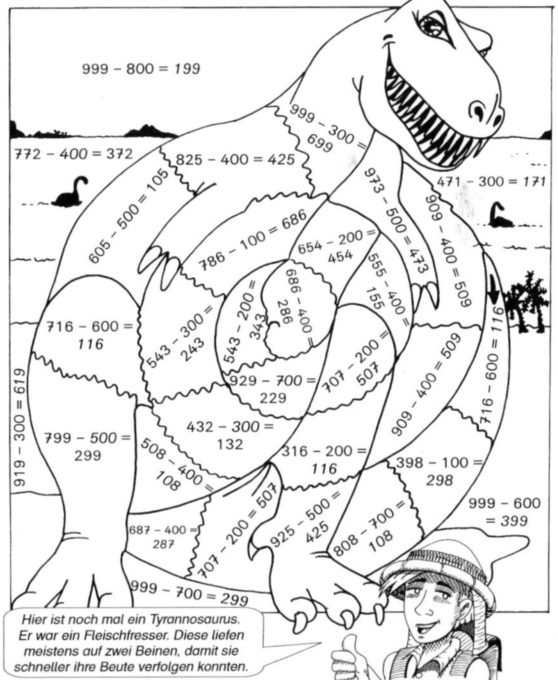

999 − 800 = 199
999 − 300 = 699
772 − 400 = 372
825 − 400 = 425
471 − 300 = 171
605 − 500 = 105
973 − 500 = 473
909 − 400 = 509
786 − 100 = 686
654 − 200 = 454
686 − 400 = 286
555 − 400 = 155
543 − 200 = 343
543 − 300 = 243
716 − 600 = 116
716 − 600 = 116
929 − 700 = 229
707 − 200 = 507
909 − 400 = 509
919 − 300 = 619
432 − 300 = 132
799 − 500 = 299
316 − 200 = 116
508 − 400 = 108
398 − 100 = 298
999 − 600 = 399
707 − 200 = 507
925 − 500 = 425
808 − 700 = 108
687 − 400 = 287
999 − 700 = 299

Hier ist noch mal ein Tyrannosaurus. Er war ein Fleischfresser. Diese liefen meistens auf zwei Beinen, damit sie schneller ihre Beute verfolgen konnten.

Rechne erst alle Aufgaben und suche dann die Farben! Beginne beim Pfeil!

Lösungszahlen und Farben:

gelb: 399, 509, 619
hellgrün: 108, 116, 507, 699
dunkelgrün: 287, 298, 425, 500
hellblau: 199
dunkelblau: 155, 171, 400
braun: 200, 300, 686, 700
schwarz: 299

73

Der Elasmosaurus (Lösung)

Additionsaufgaben mit Hunderter-Zehner-Zahlen im Zahlenraum bis 1000

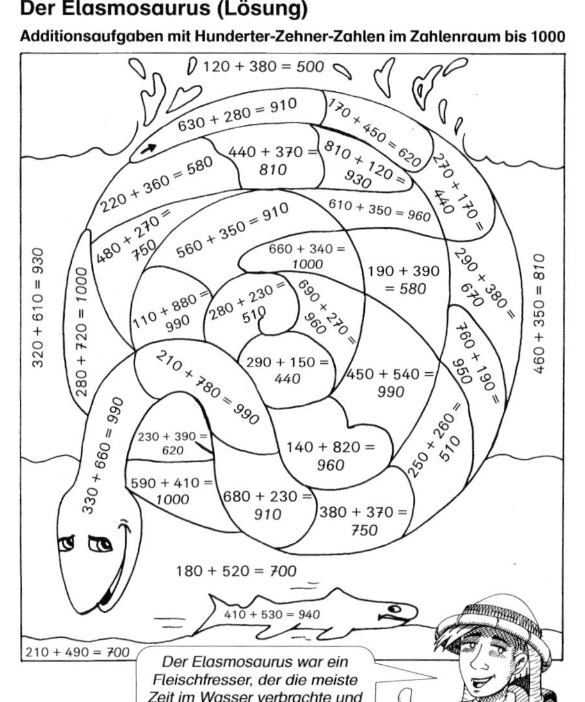

Rechne erst alle Aufgaben und suche dann die Farben! Beginne beim Pfeil!

Lösungszahlen und Farben:

- **gelb:** 440, 510, 910
- **orange:** 620, 750, 960, 990
- **rot:** 940, 950, 1000
- **hellgrün:** 500
- **hellblau:** 580, 670, 810, 930
- **dunkelblau:** 700

74

Das Pteranodon (Lösung)

Subtraktionsaufgaben mit Hunderter-Zehner-Zahlen im Zahlenraum bis 1000

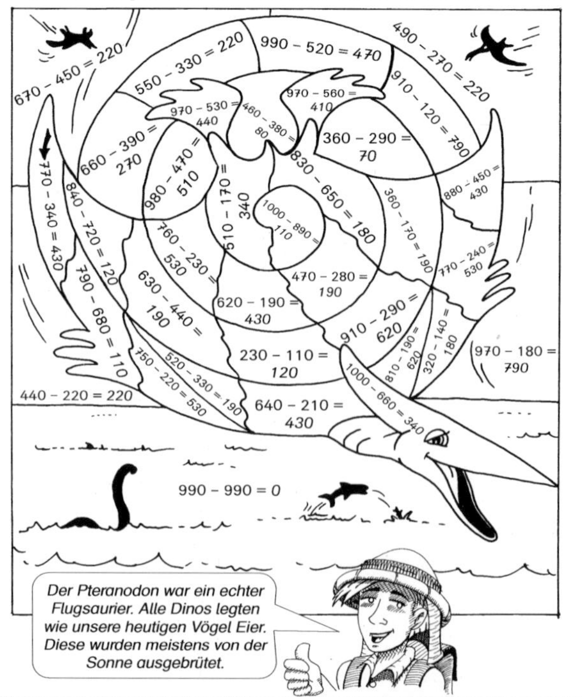

Rechne erst alle Aufgaben und suche dann die Farben! Beginne beim Pfeil!

Lösungszahlen und Farben:

- **gelb:** 70, 80, 510
- **orange:** 220, 270, 470, 790
- **lila:** 120, 190, 430, 620
- **blau:** 0
- **braun:** 110, 180, 340, 530
- **schwarz:** 410, 440

75

Das Uintatherium (Lösung)

Additionsaufgaben mit Hunderter-Zehner-Einer-Zahlen im Zahlenraum bis 1000

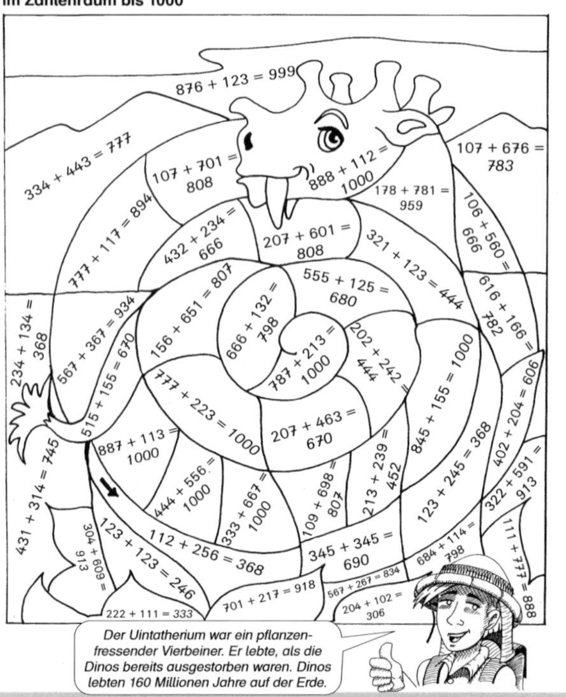

Rechne erst alle Aufgaben und suche dann die Farben! Beginne beim Pfeil!

Lösungszahlen und Farben:

- **orange:** 368, 745, 782, 934
- **rot:** 444, 452, 670, 807, 959
- **lila:** 666, 777, 783, 808, 894
- **hellgrün:** 333, 888
- **dunkelgrün:** 306, 606, 913, 918
- **blau:** 999
- **braun:** 368, 680, 798, 1000
- schwarz: 246, 690, 834

76

Das Mammut (Lösung)

Subtraktionsaufgaben mit Hunderter-Zehner-Einer-Zahlen im Zahlenraum bis 1000

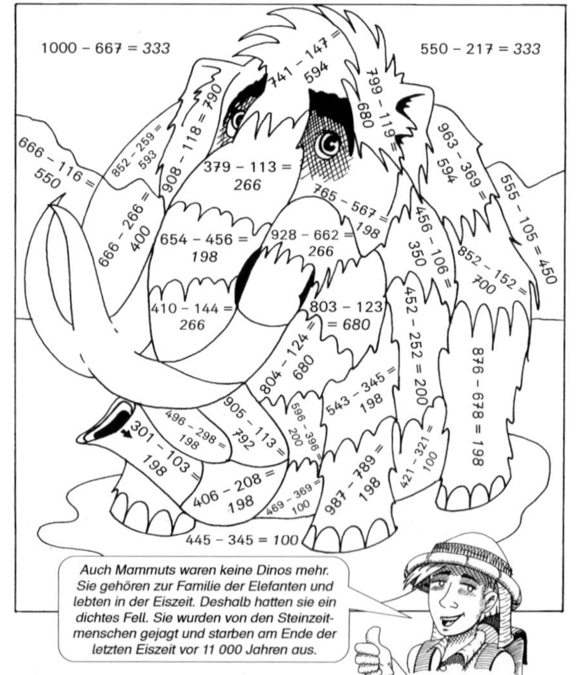

Rechne erst alle Aufgaben und suche dann die Farben! Beginne beim Pfeil!

Lösungszahlen und Farben:

- **hellblau:** 333, 593
- **dunkelblau:** 400, 450, 550
- **hellbraun:** 198, 266, 792
- **braun:** 350, 594
- **dunkelbraun:** 200, 680, 700, 790
- **schwarz:** 100